Cornelis Hofstede de Groot

Arnold Houbraken in seiner Bedeutung für die holländische Kunstgeschichte

Zugleich eine Quellenkritik der Houbrakenschen

Cornelis Hofstede de Groot

Arnold Houbraken in seiner Bedeutung für die holländische Kunstgeschichte
Zugleich eine Quellenkritik der Houbrakenschen

ISBN/EAN: 9783743629370

Hergestellt in Europa, USA, Kanada, Australien, Japan

Cover: Foto ©ninafisch / pixelio.de

Weitere Bücher finden Sie auf **www.hansebooks.com**

ARNOLD HOUBRAKEN

IN SEINER

Bedeutung für die holländische Kunstgeschichte.

Zugleich eine Quellenkritik

DER

HOUBRAKENSCHEN

„GROOTE SCHOUBURGH".

INAUGURAL-DISSERTATION

zur Erlangung der philosophischen Doctorwürde
an der Universität Leipzig

VON

CORN. HOFSTEDE DE GROOT,

ZWEITEM DIRECTOR DER KGL. GEMÄLDEGALERIE IM HAAG.

Die *Groote Schouburgh* ist, wenn mit
Vorsicht benützt, noch heute unentbehrlich.

WOERMANN, Gesch. d. Malerei III 857.

HAAG,
MARTINUS NIJHOFF.
1891

Die vorliegende Dissertation ist der erste Teil einer grössern Abhandlung, welche der philosophischen Facultät der Universität Leipzig vorgelegen hat und demnächst unter demselben Titel im Verlag von MARTINUS NIJHOFF im Haag erscheinen wird.

Inhaltsübersicht der ganzen Abhandlung.

ERSTER TEIL.

1. Houbrakens Leben.

Die erste zusammenhängende Lebensbeschreibung A r n o l d H o u b r a k e n s finden wir bei demselben Schriftsteller, der auch sein unvollendet gelassenes Werk erweiterte und fortführte: Johan van Gool setzte ihm im ersten Bande seiner *Nieuwe Schouburg* (S. 131—143) ein ehrendes Denkmal. Daneben sind aber die Nachrichten, welche Houbraken selbst der *Groote Schouburgh* eingefügt hat, nicht zu verschmähen. Combiniren wir die Mitteilungen dieser beiden literarischen Quellen mit den Ergebnissen der neueren archivalischen Forschung, so erhalten wir folgendes Bild.

Arnold Houbraken wurde nach v a n G o o l am 28 März 1660 als Sohn eines braven Bürgers zu Dordrecht geboren. Eine Bestätigung durch archivalische Urkunden ist bisjetzt für dieses Datum allerdings vergeblich gesucht, aber ebensowenig ist etwas gefunden worden, was der Richtigkeit desselben widerspräche. Ueber seine Eltern ist nichts bekannt, denn die von J. Veth ausgesprochene Vermutung (Oud Holland VII S. 300), der Tuchmacher Jan Houbraken [1]), dessen Wittwe 1670 erwähnt wird, könnte recht wohl sein Vater gewesen sein, wird hinfällig, wenn man bedenkt, wie ausdrücklich Houbraken selbst im zweiten Bande seines Werkes S. 148 f. seinen Vater als im

[1]) Andere Personen namens Houbraken kommen in Antwerpen, Brügge, Gorcum, Dordrecht und Amsterdam vor. In ersterer Stadt bereits im J. 1417. Vgl. Fr. Lippmann im Repert. f. Kunstw. Bd. I S. 233, Anm. **).

Jahre 1672 noch lebend erwähnt. Schon frühe muss er Lust zur Kunst gehabt haben. In der Lebensbeschreibung von Joris van Schooten vergleicht er dessen Jugendgeschichte mit seiner eigenen: beide konnten ihre Eltern nicht bewegen, sie zur Kunst erziehen zu lassen. Schon 1669, also neun Jahre alt, wurde Houbraken zu einem Kaufmann Johannes de Haan gebracht, bei dem er zwei Jahre lang Garn wickeln musste (G. S. I S. 130). Dieser de Haan, später Auctionator und vereidigter Makler zu Dordrecht hatte in seinen jungen Jahren ebenfalls die Kunst geübt und zwar bei keinem geringeren als Nicolaes Maes. Weshalb er die Kunst aufgegeben, erfahren wir nicht. Die Liebe zu ihr scheint ihm aber beigeblieben zu sein, denn, wenn er mit seiner jungen Frau Besuche machte, was häufig vorkam, gab er seinem kleinen Gehülfen Zeichnungen und Stiche zu copiren, wodurch er die Sicherheit gewann, dass der Junge pflichtgetreu zu Hause blieb. Dieser machte aber dabei solche Fortschritte, dass er durch Fürsprache guter Freunde noch vor Ablauf des Contraktes von de Haan weggenommen und zu Willem Drillenburg gebracht wurde. „Dies war im Jahre 1669" fügt Houbraken (B. I S. 131) hinzu, und fordert uns dadurch auf zur Frage, ob er damit, wie wir oben schon stillschweigend angenommen haben, seinen Eintritt ins Geschäft von de Haan oder ins Atelier Drillenburgs gemeint habe. Die Antwort hierauf giebt uns B. II S. 148, wo wir lesen, dass Drillenburg zwar schon 1668 oder 1669 nach Dordrecht gekommen war, aber dass Houbrakens Vater ihn erst 1672 kennen lernte. Nehmen wir also an, dass Arnold gegen Ende des Jahres 1669 zu de Haan gebracht wurde und fassen wir die zweijährige dort zugebrachte Zeit nicht gar zu genau, dann stimmt dazu recht gut, dass er bald nachdem sein Vater Drillenburgs persönliche Bekanntschaft gemacht hatte, zu diesem in die Lehre gebracht wurde. Jedenfalls war er dort, als die B. II S. 149 geschilderten Unruhen ausbrachen [1]) (Juni 1672). Er scheint sich bei ihm

---

[1]) Dieser Drillenburg war nach Houbrakens Schätzung bei seiner Ankunft in Dordrecht ein Mann von etwa 42 bis 43 Jahren; er wird

3

nur im Zeichnen geübt zu haben, denn er sagt a. a. O.: „mein Vater gab mich zu ihm, damit ich zeichnen lernte", und S. 153 „la Vecq kam in das Haus meiner Eltern, als ich eben bei Drillenburg ausgetreten war, und für mich allein, ohne Unterricht zeichnete".

Ueber die Dauer dieser ersten Lehrzeit lässt sich nicht viel sagen. Folgen wir Houbrakens eigenen Mitteilungen, dann wäre er neun Monate bei Jacob le Vecq in der Lehre gewesen und starb dieser, wenn er sich recht erinnerte, Anfang 1674. Hiernach müsste er etwa um die Mitte des Jahres 1673 zu diesem Meister gekommen sein. Als er aber diese Worte niederschrieb, erinnerte er sich eben nicht recht, wann le Vecq starb, da dies nach Balen, *Beschrijving van Dordrecht* S. 1066 erst am 2 September 1675 der Fall war, einem Datum, das durch Veth's archivalische Forschungen als richtig erwiesen ist (a. a. O. S. 308). Wäre demnach Houbrakens Lehrzeit bei ihm etwa von November oder December 1674 bis September 1675 anzusetzen, so widerspricht dem wieder das, was er selbst B. II S. 158 mitteilt, dass er nämlich schon bei seinem dritten Lehrer Samuel van Hoogstraten war, als dieser das zweite Bild der Vorsteher der Münze malte, und dies war nach Balen a. a. O. S. 682 schon im Jahre 1674 der Fall. Wenn Houbrakens eigene Angaben sosehr mit einander in Widerspruch sind, müssen wir heutzutage von näheren Versuchen, diese Sache zur Klarheit zu bringen, abstehen.

Wie Houbraken zu Hoogstraten in die Lehre kam und wie lange er dort war, erfahren wir nicht. Wie wir eben sahen, war er 1674 in dieser Werkstatt, also als vierzehnjähriger Knabe. An andrer Stelle (B. II S. 165) lesen wir, dass er der älteste Schüler war, als die Nascherei der Muskatelltrauben stattfand und B. II S. 167, dass Hoogstraten nach seinem Fortgange keine anderen Schüler mehr annahm. Da nun dieser am 19 Oct. 1678 starb

---

also um 1625 geboren sein. Er stammte aus Utrecht, lernte dort bei Abr. Bloemaert, doch folgte er später der Malweise J. Both's, ohne ihn in Behandlung und Colorit zu erreichen. Aus B. III S. 354 geht hervor, dass Willem Beurs zu gleicher Zeit wie Houbraken sein Schüler war.

4

(B. II S. 167; bestätigt durch Veth, a. a. O. S. 141) und Houbraken imselben Jahre als Mitglied der Malergenossenschaft angenommen wurde (B III S. 181) werden wir wohl nicht fehl gehen, wenn wir seine Schülerzeit bei Hoogstraten auf mindestens drei bis vier Jahre berechnen. Eine Unterstützung gewinnt diese Annahme noch dadurch, dass wir B. II S. 161 erfahren, dass H. noch als Schüler auserwählt ward mit seinem Lehrer die Abbildungen zu dessen *Inleyding tot de hooge schole der schilderkunst*, welche 1678 erschien, zu radiren. Nachdem er aber eine Platte (auf S. 269 dieses Werkes) fertig gestellt hatte, machte ihm ein Mitschüler mit gutem Erfolge diesen Vorteil streitig, wodurch die weitere Mitwirkung unterblieb. Sein freundschaftliches Verhältnis zu Hoogstraten wurde hierdurch, wie es scheint keineswegs beeinträchtigt, ebensowenig wie sein Dankbarkeitsgefühl ihm gegenüber dadurch erlosch. Als Beweis für ersteres darf gelten, dass ihm ein unvollendetes Werk seines Meisters nach dessen Tode anvertraut wurde, um es zu vollenden und herauszugeben (B. II S. 161, Anm.) und von letzterem legt Houbraken B. II S. 155 ff. u. A. durch folgende Worte Zeugnis ab: „Und wenn meine Feder etwas ausführlicher ist in seiner Lebensbeschreibung als in der Anderer, so schreibe man es dem Dankbarkeitsgefühle zu, das ich seitdem ich die Ehre seines Unterrichts genossen habe, für ihn im Busen trage, dem ich jetzt genügen will, indem ich mich nicht schäme, zu erklären, dass er derjenige meiner Lehrer gewesen ist, dem ich die Grundlage meines Könnens in der Kunst verdanke."

Auch in der sich diesen Worten anschliessenden Biographie lässt Houbraken sich keine Gelegenheit entgehen, seinen Meister und dessen Unterricht zu loben, einen Unterricht, dessen vollkommen academische Tendenz man in den Gemälden Houbrakens und in den theoretischen Excursen der G. S. ohne Mühe erkennt.

Nachdem nun Houbraken, wie schon erwähnt, im Jahre 1678 in die Gilde seiner Vaterstadt eingetreten war, arbeitete er dort während eines Zeitraumes von mehr als dreissig Jahren. Im Jahre 1685 führte er Sara, die Tochter des städtischen Chirurgen Jacob Sasbout Souburg als Gattin heim und zeugte im Laufe der

Zeit eine zahlreiche Nachkommenschaft. [1] Er malte nach
dem Zeugnisse van Gools (S. 133) viele Bildnisse für die ange-
sehensten Familien der Stadt und hatte, ebensowie seinerzeit
sein Lehrer Hoogstraten, die Ehre, die Vorsteher der Münze
in einem Gesammtbilde malen zu dürfen. Auch malte er viele
Geschichtsbilder, sowohl als Gesammtdecoration für Zimmer
und Säle, als auch in der Gestalt von Cabinetstücken. Ein
Beispiel ersterer Art ist uns noch erhalten im Deckengemälde
und Kaminstück im Regentenzimmer des Arent-Maertensz-
Hofje in Dordrecht. Beide sind allegorischen Inhalts und wenig
erfreulich. Auch nach aussen scheint sich schon damals sein Ruf
als Bildnismaler verbreitet zu haben; wurde er doch 1694 nach
Nymegen entboten, um den Burggrafen dieser Stadt zu porträ-
tiren (B. III S. 202). Einige Bilder können wir auf Grund ihrer
Daten oder aus anderen Gründen als Werke der Dordrechter
Zeit nachweisen. Es sind dies ein Familienbild aus dem Dordrechter Geschlecht Beelaerts van Blokland, noch heute im
Besitze der Familie; eine Opferung Mariae (Darstellung im
Tempel) aus der Sammlung Schönborn zu Pommersfelden,
datirt 1689; ein Diogenes mit der Laterne in der Pinacothek
zu Turin, datirt 1701; ein Apoll mit den Musen auf dem Parnass
in der Sammlung Wente zu Amsterdam, vom Jahre 1707; und
die Bildnisse der Pastoren Flud van Giffen († 1701) Jac. Olden-
borg († 1690) und S. van Til († 1713), sämmtlich der Dordrechter
Gemeinde angehörig, also vermutlich auch dort gemalt. Die
Originalbilder sind heutzutage nichtmehr nachweisbar, aber ihre
Existenz wird durch die danach gefertigten Stiche von Adr.
Haelwegh und A. v. Sijlvelt bezeugt. Auch die Bildnisse von
Jacob Moelaert, anfangs Künstler, später Kunstliebhaber zu
Dordrecht, vom 1692 gestorbenen Joach. Oudaen, vom Prae-

---

[1] Ueber diesen Punkt vgl. P. J. Frederiks in Obreens Archief
VI S. 332 und Veth a. a. O. S. 300. Auffallend ist, dass das von
Houbraken eigenhändig niedergeschriebene Datum seiner Hochzeit an
der erstgenannten Stelle, nicht übereinstimmt mit dem Auszug aus
dem officiellen Kirchenbuche, den Veth mitteilt (3 Juli 1685 und
13 Mai 1685).

ceptor der Lateinischen Schule zu Dordrecht Frank van Schie
sind aller Wahrscheinlichkeit nach in Houbrakens Vaterstadt
von ihm gemalt. Das erste und letzte wurde von Nic. Verkolje
in Schabkunst, das zweite von Dirk Jonkman mit dem Grab-
stichel gestochen.

Eine Wertschätzung dieser Werke nach künstlerischer Richtung
und ein Vergleich derselben mit den späteren Amsterdamer
Bildern müssen wir uns versagen; wir können nur darauf
hinweisen, wie einige noch nicht erwähnte Bilder dieser Periode
von seinen Zeitgenossen gewürdigt wurden. Es sind diejenigen,
welche in einer Dordrechter Auction vom Jahre 1708 vorkommen,
deren mit Preisen versehenen Catalog uns die Sammlung von
Hoet (B. I S. 119 f.) aufbewahrt hat. Hier sind sie folgendermaassen verzeichnet:

N⁰. 1.   Atalante, een kapitael en curieus stuk. . . ƒ 170.—
„ 9.   Lucretia, ⎰ beide van een grootze Ordon- ⎰ „ 145.—
„ 10. Cleopatra, ⎱ nantie en konstige uitvoering ⎱ „ 50.—
„ 25. Romeinze Historie op een kooperplaetje, in
        een gesnede lijsje . . . . „ 18.10

Welchen Maassstab diese Preise für Houbrakens Wertschätzung durch seine Zeitgenossen bilden, geht aus einem Vergleich
mit den für andere Bilder aufgewendeten Summen hervor. Da
sehen wir, dass nur drei Bilder dieser aus 28 Nummern beste-
henden Auction einen höhern Preis erzielten als Houbrakens
Atalante und Lucretia. Es sind dies eine Bordellszene von Gio.
Batt. Weenix, im Catalog hervorgehoben durch die Worte
„bekannt als sein bestes Bild", ad f 295.—, der verlorne Sohn,
von seinem Vater Abschied nehmend von Ger. Pzn. van Zijl
ebenfalls „das beste Bild, das von ihm bekannt ist" ad f 370.—
und die Enthauptung des Quintus Fabius von Jac. van der
Ulft ad f 210.—, „ausserordentlich vollendet mit mehreren
schönen Gebäuden und einer fast unzählbaren Menge von Figuren und Pferden. Nach diesen drei, durch ihre Prädikate als
besonders hervorragend gekennzeichneten Bildern von verstorbenen Meistern kommen die beiden Werke unseres Künstlers ad 170
und 145 Gulden und dann erst eine Bathseba von Schalcken

„besonders curios und zart gemalt" ad f 120.—, Ruinen mit
Figuren von Thom. Wijk in seiner besten Art ad f 110.—
und ein Stillleben von Heda ad f 105.—. Ein Werk von G. de
Lairesse, damals in höchster Blüte, erzielt nur f 55.—, und
sämmtliche andere Werke, worunter die Namen Ruysdael's,
van der Does', Percelles', van der Ulft's und Poelenburg's vorkommen, noch weniger. Man kann daher nicht sagen,
dass bei dieser Gelegenheit Houbrakens Kunst nicht gewürdigt
worden sei, ob dies immer so war, oder ob dieser Fall grade
eine Ausnahme bildet, entzieht sich aus Mangel an Nachrichten
unsrer Beurteilung. Fast möchte man glauben, dass letzteres
der Fall und einer der Gründe gewesen sei, die unsren Meister zum Umzug nach Amsterdam bestimmten. Diese Stadt,
obwohl nicht mehr, wie damals als Rembrandt dorthin über-
siedelte, die vornehmste Kaufstadt Europa's, war dennoch die
hervorragendste Stadt der Vereinigten Niederlande und besonders
auf dem Gebiete der Kunst noch stets Führerin. Wenn nun
auch van Gool als Gründe des Umzugs angiebt, Houbraken habe
dort besser für die Erziehung und Zukunft seiner Kinder Sorge
tragen zu können gehofft, so schliesst dies nicht aus, dass nicht auch
finanzielle Gründe hier maassgebend gewesen seien. Grade bei
einer zahlreichen Nachkommenschaft giebt man, wenn man nicht
über die nötigen Mittel verfügt, einen sicheren Erwerb nicht für
eine unsichere Zukunft Preis, und auch Houbraken wird beim
Heranwachsen seiner neun Kinder und den stetig steigenden
Ausgaben seines Haushalts wohl von einer Kunstübung in
Amsterdam grössere Vorteile erwartet haben, als sein Pinsel
ihm in Dordrecht zu liefern im Stande war. Ein Umstand wird
ausserdem von van Gool als entscheidend auf seinen Beschluss
hervorgehoben. Er hatte Gelegenheit gehabt, für den Amsterdamer Kunstmäcen Jonas Witsen zwei Cabinetstücke zu malen,
und hatte dies zu solcher Zufriedenheit seines Auftraggebers ausgeführt, dass jener ihm seine Unterstützung zusagte. Welche
Bilder dies gewesen sind, geht mit grosser Wahrscheinlichkeit
aus dem Witsen'schen Auctionscatalog (Hoet I S. 205) hervor.
Von den drei dort erwähnten Bildern Houbrakens ist eins, das

Bad der Callisto das Gegenstück zu einem Bad der Diana von Wil. v. Mieris, während die beiden andern unter sich als Pendants bezeichnet werden. Es sind:

N⁰. 18. Ein Ecce Homo, mit geschnitztem Goldrahmen,
eins seiner allerbesten und

„ 19. Ein Pendant dazu, beide gut.

Diese Bilder wurden zusammen verkauft und erzielten die bedeutende Summe von 720 Gulden; während das Bad der Callisto nur 215 Gulden brachte.

Auch der Zeitpunkt von Houbrakens Uebersiedlung nach Amsterdam, über den van Gool schweigt, können wir mit ziemlicher Sicherheit bestimmen. Der verstorbene Archivar Amsterdams, Scheltema, hat in dem Sammelwerke *Aemstels Oudheid*, B. V, S. 72, das Datum veröffentlicht, an welchem Houbraken daselbst als Bürger eingetragen wurde; es war dies der 8 Oct. 1710, während Herr Veth a. a. O. S. 300 mitteilt, dass unser Künstler am 29 April 1709 seine Wohnung zu Dordrecht verkauft hatte. Zwischen diesen beiden Daten liegt also das Ereignis, mit dem die zweite Periode in Houbrakens Leben anfängt [1]).

Auch über das Jahrzehnt, welches Houbraken in Amsterdam verlebte, ist van Gool unsre erste und ausführlichste Quelle. Seine Darstellung hat aber sofort nach dem Erscheinen der *Nieuwe Schouburg* Widerspruch hervorgerufen und auch ich werde ihre Richtigkeit an mehreren Punkten bezweifeln müssen. Die Tatsachen, welche er erwähnt, sind in wenigen Worten folgende:

Anfangs ging es unsrem Künstler unter den Flügeln Witsens nach Wunsch. Dieser ward aber durch den Tod hinweggerissen, ehe

---

[1]) Herrn Bibliothekar E. W. Moes in Amsterdam verdanke ich den nachträglichen Nachweis eines Briefes von Houbraken, der bereits am 16 Mai 1710 zu Amsterdam an de la Court in Leiden geschrieben wurde. Dieser Brief kam 28 Jan. 1887 in der Auction Mazel im Haag (Cat. Nr. 696) vor. Es war ein Begleitschreiben zu einer Zeichnung mit der Darstellung von Romulus und Remus und wurde für f 12.— ans kgl. Kupferstichcabinet in Amsterdam verkauft.

Houbrakens Ruf begründet und seine Kunst in Ansehen war. Die Bilder der Sammlung Witsen wurden teuer bezahlt, wegen des berühmten Namens ihres Besitzers, aber die Werke, welche Houbraken später lieferte, fanden keine Käufer. Er musste daher viel für Buchhändler zeichnen und dies brachte ihm nur geringen Verdienst. Im Jahre 1713 machte er die Bekanntschaft eines Engländers, in dessen Auftrag er sich nach England begab, um dort Bildnisse für ein Geschichtswerk über die Regierungszeit König Karls I zu zeichnen. In England brachte er acht bis neun Monate zu, und musste dann nach seiner Rückkehr die traurige Erfahrung machen, dass sein Auftraggeber contractbrüchig geworden und er um seinen Lohn gekommen sei. Sodann fasste er im Jahre 1717 den Plan, sein Werk über die niederländischen Maler zu schreiben, starb aber noch ehe der dritte Band desselben erschienen war.

Dies ist in Kürze die Reihenfolge der von van Gool berichteten Tatsachen.

Es ist bekannt, dass gleich nach dem Erscheinen des ersten Bandes des van Goolschen Werkes, von Seiten des Kunsthändlers H o e t Kritik an demselben geübt wurde, woraus sich eine von beiden Seiten mit Erbitterung geführte Polemik entspann. Steht es nun ein für allemal fest, dass Hoet sich hauptsächlich durch van Gool's Ausfälle gegen die Kunsthändler zu seinem überscharfen Tadel verleiten liess, so kann andrerseits nicht geleugnet werden, dass namentlich seine zweite Flugschrift: „Aanmerkingen op het eerste en tweede deel des „Nieuwen Schouburgs der Nederlantsche Kunstschilders en „Schilderessen door Johan van Gool" viele begründete Aussprüche tadelnder Art enthält, und zu diesen wird wohl auch die Stelle auf S. 32 gerechnet werden müssen, in welcher er die Aussage van Gools bekämpft, alsob Houbraken stets mit Missgeschick zu kämpfen gehabt habe. Er, Hoet, habe davon nie reden hören, und Houbrakens Sohn werde dem Verfasser wenig dankbar sein für diese Behauptung. [1]) Hier haben wir also zwei entgegen-

---

[1]) Er nennt sie „eene assurante en onbetamelijke uitwijding."

gesetzte Meinungen, die eine von van Gool, einem persönlichen
Freunde Houbrakens, die andere von Hoet vertreten, dessen
Vater Gerard Hoet der Ältere ihm mindestens eben so nahe
stand als van Gool. In diesem Falle spricht a priori die Wahrscheinlichkeit dafür, dass der Angreifer Recht hat und van Gool
sich bei der Schilderung von Houbrakens Missgeschick mindestens zu starker und übertriebener Ausdrücke bedient hat. Diese
Annahme wird unterstützt durch die Prüfung der Gründe, welche
van Gool für seine Mitteilung anführt. Da heisst es: solange
Houbrakens Mäcen, Jonas Witsen, lebte, ging alles gut; als
dieser starb ehe sein Ruhm begründet war, fanden seine Werke
keine Käufer mehr, und er musste das wenig einträgliche
Zeichnen für Buchhändler übernehmen. Sehen wir jetzt zu, was
hiervon Wahrheit, was Erfindung ist: Aus dem Jahre 1712
besitzen wir aus Houbrakens eigenem Munde eine Aeusserung
über sein anfängliches Wohlergehn zu Amsterdam. Dieselbe
findet sich vor dem unten zu erwähnenden Gedichte J. van Hoog-
ſtratens über den Apostel Paulus und lautet etwa folgendermaassen: Mein Umzug nach Amsterdam hatte sehr schwierige
Folgen. Kaum hatte ich jedoch dieselben gehörig überwunden,
da zeigte mir das Glück ein viel freundlicheres Antlitz, als es
je in Dordrecht getan und überhäufte mich mit sehr vielen
Beschäftigungen usw. Ferner wissen wir, dass Houbraken 1709
oder 1710 nach Amsterdam kam und Witsen erst fünf Jahre später
(31 Mai 1715) starb. Vor dessen Tod war Houbraken bereits
längere Zeit in England gewesen (1713/4) und viele der von
ihm für Buchhändler gezeichneten Illustrationen und Titelblätter
tragen ein früheres Datum.

Von solchen sind mir bekannt:

Zedezangen en Stigtelijke liederen etc. Gouda, Luc. Kloppen-
burg 1708 (Houbraken war damals noch zu Dordrecht ansässig).

Philalethes' Brieven, Amsterdam, P. Boeteman 1712 [1]).

---

[1]) Dies Werk ist von Houbraken selbst verfasst, wie aus mehreren
Stellen der G. S. hervorgeht. Vgl. schon G. D. J. Schotel, im *Ned.
Spectator* 1889 S. 230 f, der dem Verfasser jedoch irrtümlich den Vor-
namen seines Sohnes Jacobus giebt.

Leven en Bedrijf van den grooten apostel Paulus, Ibid. 1712 [1]).
Dl. Willinks, *Amsterdamsche Tempe*, Eerste Boek.
Id. id. Tweede Boek.
Id. *Amstelstroom*. Alle Amsterdam, van de Gaete 1712.
E. Verrijke, *Zederijke zinnebeelden*. Amsterdam, Trojel 1712.
P. H. van Limborchs *Uitleggingen over de handelingen der Apostelen*, Rotterdam. Barend Bos 1713.
S. Pitisci, *Lexicon Antiquitatum Romanarum*, Tom. II. Fr. Halma Leovardiae 1713.
Folioblatt mit der Aufschrift: *Magna Britanniae Regina s. Anna Hostibus Sociisque dat Pacem* 1713.
Jacob Zeeus, *De Wolf in 't Schaepsvel*. Rotterdam, A. Willis, 1715.
Het Hooglied Salomons, door Abr. Hellenbroek, Rotterdam R. van Doesburg 1717.
Endlich trägt ein Blatt aus der neutestamentlichen Folge, welche nach Houbrakens Zeichnungen von F. Bleyswijk, Bloois (de Bloys), G. de Broen, van Buisen, Folkema, G. van der Gouwe, Jongman, J. Mulder, M. Pool und Sluiter für die Bibelausgabe von van der Mark gestochen ist, die Jahreszahl 1711 [2]). Es ist dies die von J. Mulder gestochene Verkündigung an die Hirten.

Aus dem vorstehenden ist zu folgern:

I. Dass van Gool mit Recht behauptet, dass es Houbraken anfangs in Amsterdam nach Wunsch ging.

II. Dass man aber den Tod Witsens nicht in Verbindung bringen darf mit Houbrakens grösserm oder geringerm Erfolg als Maler in Amsterdam.

III. Dass Houbraken lange vorher, ja schon während seines Dordrechter Aufenthalts für Buchhändler zeichnete, und dass

---

[1]) Zu diesem Gedichte seines Freundes J. van Hoogstraten lieferte Houbraken Zeichnungen und Marginalia; diese hauptsächlich antiquarischen Inhalts.
[2]) Den Grund, weshalb dies Werk damals nicht erschien teilt Z. C. v. Uffenbach aus dem Munde von Ger. Hoet, im dritten Bande seiner *Merkwürdigen Reisen*, S. 715, mit. Bekanntlich kam es erst i. J. 1728 heraus.

die Darstellung van Gools daher in diesen Punkten entschieden falsch ist [1]).

Ueber Houbrakens Englische Reise haben wir ausser dem, was van Gool mitteilt nur wenige Nachrichten. In Bezug auf den „Terminus post quem" des Antritts liefert die Grosse Schouburg einen Anhaltspunkt B. I S. 86, wo von Bildern des Königs Wilhelm III die Rede ist, welche zum Verkauf von Schloss Loo nach Amsterdam gebracht worden waren und welche Houbraken ausdrücklich bezeugt dort gesehen zu haben. Da dieser Verkauf nach seiner, von Hoet (Cat. B. I S. 149) bestätigten Aussage am 26 Juli 1713 stattfand, kann er erst nach diesem Zeitpunkt auf Reisen gegangen sein. Im Jahre 1714 sah er zu London den Saal im Bankethouse zu Whitehall, bekannt durch die Hinrichtung Karls I. (B. I S. 68) und ohne Zeitangabe erwähnt er B. I S. 187 die vielen Bildnisse van Dyks, die er zu Winsingdon, dem Sitze des Lord Warthon, zu bewundern Gelegenheit hatte. Van Gool S. 136 behauptet, aus dieser Stelle gehe hervor, dass grade dieser Herr ihm bei der Erfüllung seiner Aufgabe Schwierigkeiten bereitet habe. Dies ist jedoch unrichtig und van Gool wird, falls seine Angabe überhaupt auf Wahrheit beruht, sich hier vielleicht mündlicher Mitteilungen Houbrakens erinnert haben.

Die Englische Reise brachte Houbraken nach van Gool nur Nachteil, Verdruss und Aerger. Als er mit vieler Mühe nach acht bis neun Monaten mit seinem Auftrage fertig war und Bezahlung zu erlangen hoffte, war sein Auftraggeber verschwunden. Dies muss ungefähr um dieselbe Zeit gewesen sein, als sein Gönner Jonas Witsen starb (Ende Mai 1715) und es mag sein, dass das Zusammentreffen dieser beiden Schicksalsschläge van Gool Anlass gegeben hat zu jener Darstellung von Houbrakens äusseren Verhältnissen, deren Unrichtigkeit ich oben bewiesen zu haben glaube.

---

[1]) Van Gools Ansicht über die geringe Einträglichkeit des Zeichnens für Buchhändler wird ebenfalls von Hoet bekämpft in seinem *Brief aan een vriend* S. 8. Ohne Kenntnis der damals bezahlten Honorare ist es nicht möglich, heutzutage zu entscheiden, welche Partei in diesem Punkte Recht hatte.

Nach seiner Rückkehr aus England malte Houbraken unter
anderm folgende Cabinetstücke: für Herrn van Heemskerk im
Haag: einen O r e s t und P y l a d e s, im Begriff vor einer grossen
Volksmenge geopfert zu werden ¹), ein Opfer der Iphigenie in
Tauris, eine Grossmut des Scipio, die Erstaunung des Kerkermeisters zu Philippi und die Taufe desselben ²). Auch befand
sich zu van Gools Zeiten bei Herrn P. Leendert de Neufville
in Amsterdam ein Bild aus dieser Zeit, die Kreuzigung Christi
darstellend, eine reiche, gut gemalte Composition.
Mehr erfahren wir über seine Tätigkeit als Maler nicht.
Wie die bereits erwähnten Bilder stellen auch die sonst in Auc-
tionen des vorigen Jahrhunderts vorkommenden Gemälde meist
biblische oder mythologische, auch profangeschichtliche Ereignisse
vor. Dazu kommen Bildnisse, Allegorien, Genrestücke und ver-
einzelt Landschaften. Auch erwähnen die alten Cataloge dann
und wann Bilder älterer Meister, die von Houbraken mit Staffagen
versehen worden sind. Heutzutage kommen seine Gemälde fast
nur noch in Galerien untergeordneten Ranges vor und auch
im Kunsthandel sind sie wenig geschätzt. Die Sammlungen van
der Hoop, jetzt mit dem Amsterdamer Rijksmuseum vereinigt
und Liechtenstein zu Wien dürften die einzigen namhafteren
Galerien sein, die den Namen Houbraken aufführen. Ein Verzeichnis seiner mir bekannt gewordenen Werke ist dieser Lebensskizze angehängt, ohne jedoch den geringsten Anspruch auf
Vollständigkeit zu erheben.
Als Houbrakens Schüler sind uns nur diejenigen bekannt
geworden, deren Namen uns van Gool als solche überliefert
hat. Es sind dies: M a t h y s B a l e n, der 1684 geborene Enkel
des gleichnamigen Stadtchronisten von Dordrecht, der zwei
Jahre bei ihm lernte (B. II S. 55 f); A d r i a a n v a n d e r
B u r g, 1693, ebenfalls zu Dordrecht geboren, der seinem Meister
bei dessen Uebersiedlung nach Amsterdam folgte (B. II. S. 21)

¹) Houbraken erwähnt dieses Bild B. III S. 263 f.
²) Nach Houbrakens Zeichnung wurden die beiden letzten Ereignisse
von M. Pool und Mulder gestochen.

und **Johan Graham** der erst bei Matheus Terwesten in der Lehre gewesen war (B. II S. 277) [1]).

Der Charakter von Houbrakens Malerei ist durch und durch academisch; seine Bilder sind die Lehren seines Meisters van Hoogstraten in Farben übersetzt. Eine sorgfältig abgewogene Composition muss man ihnen nachrühmen, aber damit ist auch alles Gute von ihnen gesagt. Die Zeichnung, obwohl eine nicht geringe Uebung der Hand verratend, ist bei der Jagd nach schönen Formen vielfach unwahr, beim Schildern der Gemütsbewegungen übertrieben und dabei das Colorit schwach. Wie es in allen Perioden einer zurückgegangenen Kunstblüte in den Niederlanden der Fall war, sind bei ihm die Leistungen im Porträt am erfreulichsten, weil er da am wenigsten fremden Einflüssen und academischen Principien unterworfen war.

Zeichnungen von Houbrakens Hand sind ziemlich häufig zu finden. Die meisten, welche mir zu Gesicht kamen [2]), sind mit Tusche oder Rötel ausgeführt und behandeln dieselben Gegenstände wie seine Gemälde, deren Schwächen und Vorzüge sie teilen.

Auch Houbrakens Radirungen tragen wenig bei zum Ruhm ihres Urhebers. Ausser der bereits oben erwähnten Platte in Hoogstratens Inleyding und einigen Blättern in seiner Grossen Schouburg hat Houbraken eine Reihe von 60 Stichen herausgegeben unter dem Titel: *Tooneel van Sinnebeelden geopent tot Dienst van schilders, beelthouders* etc. 3 Abteilungen zu 23, 17 und 20 Blatt. Dordrecht, Niclaes de Vries 1700. Dasselbe Werk wurde 1729 nochmals herausgegeben unter dem Titel: *Stichtelijke Zinnebeelden, gepast op Deugden en Ondeugden* in LVII

---

[1]) Ausserdem hat der Dichter **Jacob Zeeus** (1686—1718) in seiner Jugend (ca. 1697—98) einige Zeit bei Houbraken gezeichnet, sich später aber ausschliesslich der Dichtkunst zugewandt. (Vgl. seine Biographie vor den *Overgebleve Gedichten van Jacob Zeeus*, Rotterdam 1726, S. XXIII). Er hat seinem Lehrer eins seiner Gedichte mit dem Titel *Geestoefening* dedicirt und Beischriften zu einigen Werken Houbrakens gedichtet. Houbraken hat seinerseits das Bildnis von Zeeus geschabt und gezeichnet.
[2]) In den Kupferstichcabinetten zu Amsterdam, Haarlem (Teylers Stiftung) Rotterdam, Dresden und München sah ich Blätter von seiner Hand.

tafereelen, vertoont door A. Houbraken en verrijkt met de
bijgedichten van Juffr. Gesine Brit, t' Amsterdam bij Isaak
Tirion MDCCXXIX.

An mehreren Stellen der seiner Grossen Schouburg einge-
flochtenen antikisirenden, moralisirenden oder aesthetisirenden
Abhandlungen bezieht sich Houbraken auf dieses Werk, und
einmal (B. II S. 176) giebt er sogar eine Abbildung aus demselben, welche zur Charakterisirung der übrigen Blätter vollständig genügt. A. Verhuell beschreibt ferner im Supplement
seines „Jacobus Houbraken et son oeuvre" (S. 36) eine Folge
von 36 Radirungen in „De Schoole der Wereld" — uit het
Latijnsch proza van Joseph Hall — in rijm verhaelt door F.
V. H. Bij Fransois van Hoogstraeten, tot Rotterdam 1687.
Die Blätter sind 7 cM. hoch und 8 cM. breit, „la plupart sont
„des griffonnements, qui plaisent par leur simplicité et extrême
„facilité d'exécution même." [1]) Um von weiteren Blättern entweder
in Aetz- oder in Schabkunst-manier zu schweigen, sei hier nur noch
eine selten vorkommende Radirung seiner Hand erwähnt, welche
das von Joh. de Baen gemalte Bildnis seines Schwiegervaters
Jacob Sasbout Souburg darstellt. Veth a. a. O. giebt davon eine
ausführliche Beschreibung.

Auf dem Gebiete des Kupferstichs liegt, wie gesagt Houbrakens
Verdienst nicht in seinen eigenen Productionen, sondern vielmehr darin, dass er der Lehrer war seines Sohnes Jacobus,
der nicht nur der beste Vertreter seiner Kunst während des
ganzen achtzehnten Jahrhunderts wurde, sondern auch zu den
hervorragenden Stechern aller Zeiten gerechnet zu werden ver-
dient. Von seiner Hand sind mit zwei Ausnahmen sämmtliche
Bildnistafeln der Grossen Schouburg. Sein Gesammtwerk hat
durch A. Verhuell die erste Bearbeitung erfahren (J. Houbraken
et son oeuvre, Arnhem 1875, Supplément, Ibid. 1877).

Im Jahre 1717, so schreibt van Gool (B. I S. 137) fasste
Houbraken den Plan, aus aufrichtiger Verehrung seiner Kunst-
genossen die Grosse Schouburg der Niederländischen Maler und
Malerinnen zu schreiben.

---

[1]) Dieses Werkchen befindet sich im Leidener Kupferstichcabinet.

Der erste Band dieses Werkes erschien bereits 1718. Es ist daher die van Gool'sche Zeitangabe gewiss nicht zu früh gegriffen. Sichere ·Anzeichen über den genauen Zeitpunkt bietet auch die Schouburg selbst nicht. An einer Stelle (B. III S. 76) bedauert Houbraken im Jahre 1714 noch nicht mit seiner Arbeit begonnen zu haben, während er B. III S. 208 über Aert de Gelder schreibt: „Er ist jetzt, in diesem Jahre 1715, während ich dies schreibe, noch in guter Gesundheit" usw. Eine dritte Stelle lautet (B. III S. 236) „Jetzt lebt er [Godfr. Kneller] in guten Verhältnissen beim gegenwärtigen König [von England, Georg I; 1714—1727] der ihn zum Beweise seiner Gunst zum erblichen Ritter-baronet erhob. Seit dieser Zeit bis jetzt, wo man schreibt 1715, hat er eine nicht zu nennende Zahl von Bildnissen gemalt."

Die beiden letzten Angaben würden gegen van Gool entscheiden, wenn nicht das Datum der letzten sehr unwahrscheinlich wäre und auch die Genauigkeit des ersteren in Frage stellte. König Georg kam bei seiner Tronbesteigung erst am 17 Sept. 1714 auf Englischem Boden an [1]), und die Ernennung Knellers zum Hofmaler und Baronet wird wohl erst erfolgt sein, nachdem dieser sich des Königs Gunst erworben hatte. Wo bleibt da bis 1715 die Zeit zum Malen unzähliger Bildnisse?

Da andere Stellen des dritten Bandes nachweislich viel später verfasst sind — so z. B. S. 167 im November 1718; S. 17 nach dem Anfangs 1718 erfolgten Tode L. van Hairens; S. 31 nach dem 18 Mai 1718; S. 212 nach dem 23 März 1717 — ist die Jahreszahl 1715 hier vielleicht ein Druckfehler. Nimmt man dies aber an, dann kann man mit demselben Recht oder Unrecht dasselbe tun in Bezug auf das über A. de Gelder mitgeteilte Datum, und dann bleibt als einziger Anhaltspunkt nur das von van Gool angegebene Jahr 1717 als Zeitpunkt der Inangriffnahme des Werkes übrig. Im folgenden Jahre erschien bereits der erste Band, und 1719 der zweite, aber ehe der dritte zum Abschluss gebracht war, starb der Verfasser und zwar nach van Gools Angabe in Folge einer auszehrenden Krankheit am 14 October 1719. Seine Leiche

---

[1]) Smollet, Fortsetzung von Hume's History of England S. 186.

wurde am 18 desselben Monats in der Nieuwezijds-kapel zu
Amsterdam zur ewigen Ruhe gebettet (Oud Holland III S. 154).
Zwei Jahre nach seinem Tode erschien im Verlage seiner Wittwe
der dritte und letzte Band der Schouburg, während am
17ten Juli 1720 bereits der künstlerische Nachlass des Verstorbenen, zu einem Gesammtertrag von f 2302.1 versteigert worden
war [1]). Ausser Houbrakens Sohn Jacobus sind noch zwei seiner
Töchter in der Kunstgeschichte bekannt geworden, und zwar
beide durch ihre Heirat mit einem Künstler: Antonina (geb.
1686) heiratete, in welchem Jahre ist unbekannt, den Zeichner
Jacobus Stellingwerf, während die 1695 geborene Christina, im
Jahre 1724 die Gattin des Porträt-, Geschichts- und Decora-
tionsmaler Anthoni Elliger wurde. Von Antonina werden ausserdem hier und da Gemälde und Zeichnungen aufgeführt. So
in der Auction Gildemeester (11 Juni 1800 in Amsterdam) unter
Nr. 85/6 des Catalogs und bei Kramm. Näheres über diese
Familie bieten die bereits oben erwähnten Aufsätze von Veth
in Oud Holland und P. J. Frederiks in Obreens Archief [2]).

[1]) Den Auctionscatalog hat uns Hoet im ersten Bande seiner bekannten
Catalogsammlung (S. 255) aufbewahrt.
[2]) Nach Abschluss dieser Lebensskizze machte mich Herr Director
J. Ph. van der Kellen vom kgl. Kupferstichcabinet in Amsterdam in
gewohnter Liebenswürdigkeit mit einem anonymen, wider Houbraken
gerichteten Pamphlete bekannt, dem vielleicht einige neue Daten
zu seiner Biographie zu entnehmen sind. Ich werde dasselbe seinem
Hauptinhalte nach als Anhang zur vorliegenden Arbeit abdrucken
und commentiren.

2. Verzeichnis der Gemälde Houbrakens. [1])

I. ALTES TESTAMENT.

1. **Abraham und Sara.**
Auction 17 April 1715 zu Hoorn. Cat. Nr. 53. Zusammen mit Nr. 8 verkauft für f 42.— (Hoet I. 181.)
2. **Sara führt Hagar dem Abraham zu.** Sehr ausführlich.
Auction des Nachlasses, am 17 Juli 1720. Cat. Nr. 10. Verkauft für f 90.— (H. I 255.)
Dies Bild kann identisch sein mit dem vorhergehenden. Es ist dies aber nicht wahrscheinlich, weil in diesem Falle Houbraken das Gemälde zurück erworben haben müsste.
3. **Jacob und Laban.** Sehr kunstreich copirt nach G. Lairesse.
Auction Lamb. van Hairen, 13 Oct. 1718 zu Dordrecht. Cat. Nr. 22. Verk. f. f 50.— (H. I 220.)
4. **Joseph und die Frau Potiphars.**
Auction des Nachlasses. Cat. Nr. 14: Ein schönes Bild. Verk. f. f 22.—
Auction J. Smees, 6 Apr. 1729 zu Amsterdam. Cat. Nr. 44. Verk. f. f 29.— (H. II 387.)
5. **Findung Mosis.**
Auction des Nachlasses. Cat. Nr. 21. Verk. f. f 21.—
6. **Der Engel erscheint Manoah** in einer schönen Landschaft mit Gebäuden, einem Esel und einigem Beiwerk. Holz $1'3^{1}/_{2}'' \times 1'1''$ Rheinl. [2])
Auction De la Court, 8 Sept. 1766 zu Leiden. Cat. Nr. 112. Verk. f. f 120.— (Terwesten S. 557.)

---

[1]) Von ihnen sind diejenigen, deren gegenwärtiger Aufbewahrungsort mir bekannt ist, durch den Druck hervorgehoben.
[2]) Bei Angabe der Maasse ist die Höhe der Breite vorangestellt.

7. **Elia bei der Wittwe zu Sareptha.**
   Auction des Nachlasses. Cat. Nr. 25. Verk. f. f 9.—
8. **Susanna mit den beiden Aeltesten.**
   Auction 17 April 1715 zu Hoorn. Cat. Nr. 52: Sehr schön
   gemalt. Zusammen mit Nr. verk. f. f 42.— (H. I 181).

   ＊

II. NEUES TESTAMENT.

9. **MARIAE VERKÜNDIGUNG.**
   Links kniet die Jungfrau vor einem Betpult und wendet sich
   um nach dem Engel, welcher rechts auf einer Wolke hinter
   ihr erscheint. Hintergrund eine Mauer mit einer gewölbten
   Öffnung und etwas Luft.
   Leinw. 40 X 30 c.M. Bez. A. Houbrake.
   Museum Suermondt in Aachen. Cat. 1883. Nr. 70.
10. **Joseph, Maria und das Christkind.**
    Auction des Nachlasses. Cat. Nr. 3: Kräftig und ausführlich
    gemalt. Verk. f. f 180.—
    Auction R. Pickfatt, 12 April 1736 zu Rotterdam, Cat. Nr. 85:
    Maria das Christkind im Schoosse haltend, nebst Joseph; das
    Beste, was von ihm bekannt ist 1'2" X 11". Verk. f. f 150.—
    (H. I 471.)
    Auction J. J. v. Mansveldt, 8 April 1755 zu Utrecht. Cat.
    Nr. 48: 1'2" X 1' Utrechtsches Maass. Verk. f. f 21—(Terw. 124.)
    Auction B. L. C. v. d. Heuvel, 15 Apr. 1863 zu Amsterdam.
    Cat. Nr. 43: von schöner Zeichnung. Holz 32 X 28 c.M.
10a. **Anbetung der Hirten.**
     Holz 1'4" X 1'2" Hamb. Maass.
     Sammlung D. Stenglin zu Hamburg. Cat. 1763 Nr. CII.
11. **Simeon im Tempel.**
    Er hält das Christkind im Arme; vor ihm Maria in ehrfurchts-
    voller Haltung knieend; neben ihr steht Joseph und einige
    Schriftgelehrten, die ihrer Verwunderung im höchsten Grade
    Ausdruck geben. Dieses Bild ist verständig componirt und
    sauber gemalt.
    Holz 15" X 16".
    Auction T. T. Cremer, 16 Apr. 1816 zu Rotterdam. Cat.
    Nr. 41. Irrtümlich einem Antoni Houbraken zugeschrieben.

Verk. f. f 60.— an Croessen, laut handschriftlicher Notiz im Exemplar des Catalogs, welches sich im Kupferstichcabinet zu Leiden befindet.

12. **Dieselbe Begebenheit.**
Mariae Opferung, bzw. die Darstellung im Tempel; der Hohepriester mit dem Christkinde, links Maria und Joseph, Tauben haltend in einer Gruppe von anderen Personen. Holz 40 × 31 c.m. Unten bez.: A. Houbraken 1689. Auction Pommersfelden, 1867 zu Paris. Cat. Nr. 58. Vgl. auch Parthey, Deutscher Bildersaal i. v. Houbraken.

13. **Johannes der Täufer.**
Auction des Nachlasses. Cat. Nr. 24. Verk. f. f 3.—

14. **Eine Taufe Christi.**
Auction 19 Mai 1723 im Haag. Cat. Nr. 6: sehr schön. Verk. f. f 160.— Nr. 7: Ein Gegenstück dazu, dessen Gegenstand nicht angegeben wird, erzielte f 40.— (H. I 295.)

15. **Die Berufung des Matthäus.**
Auction des Nachlasses. Cat. Nr. 6: kräftig gemalt. Verk. f. f 100.—

16. **Christus und die Ehebrecherin.**
Ibid. Cat. Nr. 18. Verk. f. f 40.—

17. **Martha und Maria.**
Ibid. Cat. Nr. 11. Gegenstück zu Nr. 2. Verk. f. f 80.—

18. **Der verlorne Sohn in Wollust.**
Cabinet Nic. van Bremen 2′1¹/₂″ × 1′9″. (H. II 486.)

19. **CHRISTUS DEM VOLKE VORGESTELLT,** welches seinen Tod verlangt.
Pilatus hört dem Boten zu, den seine Frau ihm eben geschickt hat. Holz 23¹/₂″ × 28″ (Dänisch). Bez. A. Houbraken inv. efc. Kgl. Gem. Galerie zu Christiansborg bei Kopenhagen. Cat. 1875 Nr. 152.
Auction W. Lormier im Haag, 4 Juli 1763. Cat. Nr. 110: Christus vor Pilatus, sehr viele Figuren und sonstiges Beiwerk. Holz 1′11³/₄″ × 2′5″. (Rheinl.) Verk. f. f 215.— an van Houten (Terw. 320).
Lormier hatte das Bild laut, eigenhändigem Eintrag im Exemplar des Catalogs, welches sich in der kgl. Gem. Gal. im Haag befindet von Joh. Bapt. Kockx in Antwerpen für f 100 erworben. Auction Jon. Witsen in Amsterdam, 23 März 1717. Cat. Nr. 18:

Ein Ecce Homo, zu seinen allerbesten Bildern zählend, mit geschnitztem Goldrahmen. Zusammen mit Nr. 19 derselben Auction, welche ohne Angabe des dargestellten Gegenstandes nur als „Gegenstück dazu, ebenfalls gut" bezeichnet wird, für f 720.— verkauft (H. I 206.)

20. **DIE DORNENKRÖNUNG.**
Von Siret sub voce Houbraken erwähnt, als im Museum zu Kopenhagen befindlich.

21. **Die Kreuzigung.**
Auction des Nachlasses, Cat. Nr. 27: ein kapitales Bild, nur reichlich halb vollendet. Verk. f. f 30.—
v. Gool. N. Schouburg Bd. I S. 137 erwähnt (1751) eine Kreuzigung, reich componirt und wohl gemalt im Besitze des Pieter Leendert de Neufville zu Amsterdam.
Diese Sammlung wurde am 19 Juni 1765 zu Amsterdam versteigert, aber im Auctionscatalog, wie ihn Terwesten (S. 468 ff.) mitteilt, kommt das Bild Houbrakens nicht vor. Es ist daher sehr wohl möglich, dass der Besitzer sich dessen vorher entäussert hat. In diesem Falle könnte es identisch sein mit dem Christus am Kreuz, sehr schön und ausführlich, welcher in der Auction vom 28 Juni 1756 zu Rotterdam für f 57.— verkauft wurde. (Cat. Nr. 27. Terw. 149.)

22. **Der auferstandene Christus wird von den Frauen erkannt.**
Leinw. 70 × 56 c.M. Bez. A. Houbraken.
Auction Pappelendam und Schouten, 11 Juni 1889 zu Amsterdam. Cat..Nr. 77; verk. f. f 25.—
Auction 23 Nov. 1891 zu Bonn, Cat. Nr. 48: Christus aus dem Felsengrabe tretend wird von den überraschten Frauen empfangen. Leinw. 66 × 54 c.M.

23 **Die Taufe des Kerkermeisters.**
und Auction H. Schut zu Rotterdam, 8 Apr. 1739. Cat. Nr. 2: ein schönes Cabinetstück seiner besten Zeit. Verk. f. f 320.— (H. I 572).

24. **Das Erstaunen des Kerkermeisters,** der ins Gefängnis kommt mit einer Fackel.
Ibid. Cat. Nr. 3; verk. f. f 80.—
v. Gool. N. S. I 137 erwähnt diese Bilder als in der Sammlung Bisschop zu Rotterdam befindlich (1751).
Am 11 Juni 1800 wurden sie mit der Sammlung J. Gildemees-

ter Jzn. zu Amsterdam versteigert. Das erste Bild, Cat. Nr. 82 heisst dort zwar „die Taufe des Cornelius", es geht aber sowohl aus der Beschreibung des Bildes, als daraus, dass es das Gegenstück bildet zu Nr. 83: „Der verzweifelte Kerkermeister bei Paulus" zur Genüge hervor, dass die Taufe des Kerkermeisters dargestellt ist. Der Ertrag beider Bilder war f 112.—; Maasse und Material werden mit 17″ × 13″ Holz angegeben.

III. MYTHOLOGIE UND PROFANGESCHICHTE.

25. **Jupiter und Juno.**
   Auction des Nachlasses. Cat. Nr. 8: sehr gefällig [plaizierig] gemalt. Verk. f. f 91.—
   Auction R. Pickfatt zu Rotterdam, 12 Apr. 1736. Cat. Nr. 90. Verk. f. f 30.—

26. **Venus den Tod des Adonis beweinend.**
   Gegenstück zum vorhergehenden Bilde.
   Ibid. Cat. Nr. 9. Verk. f. f 100.—
   Auction Pickfatt Cat. Nr. 89: Venus und Adonis. 1′4″ × 1′2″. Verk. f. f 31.—

27. **Venus, Cupido schlafend findend.** Nachtstück.
   Auction J. W. Sandra zu Middelburg, 3 Aug. 1713. Cat. Nr. 67. Verk. f. f 18.— (H. II 369.)

28. **DER PARNASS MIT APOLL UND DEN MUSEN.** Ihnen erscheint die bewaffnete Athena.
   Leinw. 72 × 95 c.M. Bez. A. Houbraken F. 1707.
   Samml. Wente zu Amsterdam. Cat. Nr. 24. Im Frühjahr 1890 daselbst ausgestellt.
   Auction Gruyter zu Amsterdam, 24 Oct. 1882. Cat. Nr. 42 unter dem falschen Titel: *l'Olympe*, und mit der unrichtigen Jahresangabe 1701.
   Auction der Nachlasses. Cat. Nr. 4: kapitales Bild. Verk. f. f 255.—

29. **Göttertanz.**
   Auction R. Pickfatt zu Rotterdam, 12 Apr. 1736. Cat. Nr. 86. 2′5″ × 3′. Verk. f. f 41.— (H. I 471.)
   Hat dieselben Maasse wie die vorige Nummer. Könnte daher mit ihr identisch sein.

30. **Pallas, die Jugend unterrichtend.**
Auction des Nachlasses. Cat. Nr. 20: kapitales Bild. Verk.
f. f 23.—

31. **Bad der Kallisto.**
Auction Jonas Witsen zu Amsterdam, 13 März 1717. Cat.
Nr. 9. Gegenstück zu einem Bad der Diana von W. v. Mieris.
Verk. f. f 215.— (H. I. 205.)
Auction Lamb. v. Hairen zu Dordrecht, 13 Oct. 1718. Cat.
Nr. 9: nett und curios componirt und gemalt $1'1^1/_2''\times 1'3''$. Verk.
f. f 104.— (H. I 219.)
Auction 21 Jan. 1733 zu Amsterdam. Cat. Nr. 21. Verk. f.
f 350.— (H. I 377.)

32. **Bad der Diana.**
Kann mit der vorigen Nummer identisch sein.
Auction 27 Apr. 1740 zu Amsterdam. Cat. Nr. 29. Verk. f.
f 36.— (H. II 2.) •

33. **Die Auffindung von Erichthonius.** [Durch die Kekropstöchter
Aglauros, Herse und Pandrosos.]
Auction W. v. Wouw im Haag, 29 Mai 1764. Cat. Nr. 111.
$1'8''\times 1'4''$. (Rheinl.) Verk. f. 45.— (Terw. 364.)
Bereits 12 Apr. 1736 in der Auction Pickfatt zu Rotterdam
unter dem Namen Augloras. Cat. Nr. 88. $1'7''\times 1'4''$. Verk. f.
f 18.— (H. I 471.)

34. **Atalante.**
Auction 2 Mai 1708 zu Dordrecht. Cat. Nr. 1: ein kapitales
und curioses Bild. Verk. f. f 170.— (H. I 119.)
Auction L. v. Hairen zu Dordrecht, 13 Oct. 1718. Cat.
Nr. 4: Atalante und Hippomenes, geistreich componirt und
gemalt $4'2''\times 3'2''$. Verk. f. f 152.— (H. I 218.)

35. **Die Fabel von Vertumnus und Pomona.**
In einer Hofansicht dargestellt; die Kleidung ist graciös,
desgleichen die Behandlung.
Leinw. $18''\times 15''$.
Auction Anna Cath^a. Putman zu Amsterdam, 17 Aug. 1803.
Cat. Nr. 36. Erworben von Hodges für f 11.— laut handschrift-
licher Notiz im Exemplar der kgl. Gemäldegalerie im Haag.

36. **Narcissus.**
Auction des Nachlasses. Cat. Nr. 19: ein schönes Bildchen.
Verk. f. f 45.—

37. **Eine Parabel aus Ovid.**
    Ibid. Cat. Nr. 13: ein sehr tüchtiges Bild. Verk. f. f 102.—
38. **Caritas Romana.**
    Ibid. Cat. Nr. 12: sehr kräftig. Verk. f. f 125.—
39. **Paris führt Helena in Troja.**
    Auction 31 Oct. 1725 zu Amsterdam. Cat. Nr. 6: hervorragend
    schön 2′9¹/₂″ × 3′7″. Verk. f. f 600.— (H. I 313).
40. **OPFERUNG DER IPHIGENIE.**
    Auf Leinw. Bez. A. Houbraken fec.
    Im Schlosse zu Meiningen.
    v. Gool. N. Schoub. I 137 erwähnt ein Bild dieses Gegenstandes.
    Desgl. Dr. Th. Frimmel im Rep. f. Kunstwissenschaft XIII
    (1890) S. 294 aus dem Pariser Auctionscatalog der Wiener
    Sammlung Porges (1861): „Sacrifice d'Iphigénie, toile, signé
    A. Houbraken 47 × 60 c.m. (Collection Baranowsky)."
41. **Orest und Pylades.**
    Nach G. S. III 263 und v. Gool. N. Schoub. I 137 gemalt
    für Herrn van Heemskerk im Haag.
42. **DIOGENES MIT DER LATERNE.**
    Leinw. 53 × 69 c.m. Bez. A. Houbraken Fec. 1701.
    In der Pinacothek zu Turin. Indic. Somm. v. J. 1884. Nr. 468.
    Auction des Nachlasses. Cat. Nr. 5: Diogenes, auf dem
    Markte Athens, sehr kräftig gemalt. Verk. f. f 100.—
43. **HOCHZEIT ALEXANDERS MIT ROXANE.**
    Hymen hält das kgl. Diadem über das Haupt der Braut.
    Leinw. 54″ × 45″ (Dänisch).
    Copenhagen; Cat. von Chr. Ludw. le Maire v. J. 1850 Nr. 239.
    Siret i. v. Houbraken.
    In den späteren Catalogen finde ich das Bild nicht mehr ver-
    zeichnet.
44. **Die Geschichte Dido's.**
    Auction des Nachlasses. Cat. Nr. 1: Das hervorragendste
    [allerkapitaalste] und ausführlichste, was er je gemalt hat.
    Verk. f. f 400.—
45. **Romulus und Remus.**
    In der Mitte des Gemäldes liegend, werden sie von einem
    Hirtenpaar nebst Kind mitleidsvoll betrachtet; eine gebirgige
    Landschaft bildet den Hintergrund.
    Holz 1′11¹/₄″ × 1,7″ (Rheinl.)

Auction de la Court zu Leiden, [1]) 8 Sept. 1766. Cat. Nr. 111.
Verk. f. f 220.— (Terw. 557.)

46. **Lucretia.**

Auction 2 Mai 1708 zu Dordrecht. Cat. Nr. 9: „von grossartiger Composition und kunstreicher Ausführung." Verk. f. f 145.— (H. I 120.)

Auction L. v. Hairen zu Dordrecht. 13 Oct. 1718. Cat. Nr. 25: „herrlich entworfen und curios gemalt, zu seinen besten Werken gehörend. 1¹/₂′ X 1¹/₂′ Verk. f. f 93. (H. I 48.)

47. **DIE GETÖTETE VIRGINIA WIRD DURCH DIE STRASSEN ROMS GEFÜHRT.**

Bez. A. Houbraken fec. Leinw. 66 X 55 c.M.
Galerie zu Schleissheim. Cat. 1885 Nr. 474.

48. **Die Grossmut des Scipio.**

Auction des Nachlasses. Cat. Nr. 2: eins seiner hervorragendsten Bilder. Verk. f. f 300.—

49. **Cleopatra.**

Auction 2 Mai 1708 zu Dordrecht. Cat. Nr. 10: wie Nr. 9 von grossartiger Composition und kunstreicher Ausführung. Verk. f. f 50.— (H. I 120.)

50. **Eine Römische Geschichte,** auf Kupfer in geschnitztem Rahmen.

Ibid. Cat. Nr. 25. Verk. f. f 18.10.— (H. I 120.)

51. **Eine heidnische Geschichte.**

Auction 28 Juni 1756 zu Rotterdam. Cat. Nr. 26: besonders schön gemalt. 1′6¹/₂″ X 1′11″. Verk. f. f 63.— (Terw. 149.)

IV. ALLEGORIEN.

52. **Die Jugend hält die Flügel der Zeit fest.** Kaminstück.

Auction G. Bruyn zu Amsterdam. 16 März 1724. Cat. Nr. 48.
Verk. f. f 50.— (H. I 301.)

53. **Die trauernde Kunst, von der Hoffnung getröstet.**

Auction A. Grill zu Amsterdam, 14 Apr. 1728. Cat. Nr. 42.
Verk. f. f 50.— (H. I 328.)

---

[1]) Ueber eine Zeichnung desselben Vorwurfs vgl. die Anmerkung auf S. 8. Aus dem Briefe geht hervor, dass es sich um die Skizze eines von de la Court bestellten Bildes handelte.

26

Auction S. Tierens im Haag 23 Juli 1743. Cat. Nr. 293: Die
Hoffnung die Malerei tröstend. 1'7" × 1'2". Verk. f. f 12.15.—
(H. II 118.)

54. **ALLEGORISCHES KAMINSTÜCK UND DECKENGE-**
und **MÄLDE**, welche sich auf die Wohltätigkeit beziehen.
55. Ersteres bez.: A. Houbraken f.
Im Regentenzimmer des Arent-Maertensz-Hofje zu Dordrecht.

V. GENRE.

56. **DAS MALERATELIER.**
Ein Maler, arbeitend nach einem nackten weiblichen Modell.
Ein zweiter sieht zu. Frauenkleider liegen am Boden.
Holz 28 × 18 c.M. bez. AN. Houbrake pinxit. [1]
Rijksmuseum zu Amsterdam. Cat. 1891. Nr. 693.
Sammlung van der Hoop. Cat. 1872. Nr. 55.
Erworben 1841 f. f 306.—

56a. **Der besuch im Atelier.**
Ein Maler vor seiner Staffelei sitzend empfängt den Besuch
eines vornehmen Herrn und seiner Dame.
Auction Snouck van Loosen, Enkhuizen 29 April 1886. Cat.
Nr. 29. Leinw. 81×67 c.M. Bez. und datirt 1707. Erworben
von F. Muller & Cie f. f 75.—.

57. **Eine Zeichenschule.**
· Auction des Nachlasses. Cat. Nr. 22: sehr ausführlich gemalt.
Verk. f. f 5.10.—

58. **Ein Fräulein und ein flötenspielender Herr.**
Auction R. Pickfatt zu Rotterdam, 12 Apr. 1736. Cat. Nr. 99.
10¹/₂" × 8¹/₂". Verk. f. f 32.— (Hoet I 472.)
Auction des Nachlasses. Cat. Nr. 7: Ein Flötenblaser und
ein singendes Fräulein, sehr gefällig [pleizierig] und ausführlich.
Verk. f. f 100.—

[1]) Diese Bezeichnung lässt es fraglich erscheinen, ob das Bild von
Arnold Houbraken herrührt.

59. **Ein blumengiessendes Mädchen** mit anderm Beiwerk in einer Nische.

Auction B. da Costa im Haag, 13 Aug. 1764. Cat. Nr. 28 Holz 10¹/₂″ × 8¹/₄″. Verk. f. f 242.— (Terw. 376.) Auction Anna Bout v. Lieshout, Wwe. v. Wil. Tornbury im Haag, 3 Mai 1797. Cat. Nr. 8: Ein Mädchen öffnet ein Fenster; sie hat in der Rechten ein Glas und ist im Begriff zwei vor dem Fenster stehende Blumentöpfe zu begiessen. Delikat und natürlich durch A. Houbraken.

Holz 10¹/₂″ × 8″. Erw. f. f 14.— von Teissier, laut handschriftl. Eintrag im Ex. der kgl. Gem. Gal. im Haag.

Auction J. Gildemeester Jzn., Amsterdam 11 Juni 1800, Cat. Nr. 86 als Werk der Antonina Houbraken. Zusammen mit der folgenden Nummer verk. f. f 24.— an Spruyter, laut handschriftl. Eintrag im Ex. d. kgl. Gem. Gal. im Haag. Die Beschreibung, die Maasse: 11″ × 8″ und das Material stimmen volkommen zu denjenigen der vorigen Auctionscatalogen, sodass ohne Zweifel dasselbe Bild gemeint ist.

60. **Ein Knabe mit einem Vogel spielend.**

Er lehnt sich über die untere, geschlossene Hälfte einer Thür, deren oberer Teil geöffnet ist. Der Vogel fliegt auf die Krücke zu, die er in der Hand hat. Hinter ihm sieht man das Innere eines Hauses mit einem Fenster.

Dieses Bild war in der Auction Gildemeester das Gegenstück der vorigen Nummer und wurde zusammen mit ihr verkauft. Es galt ebenfalls als ein Werk der Antonina Houbraken.

61. **Eine junge Dame bei einer Wahrsagerin.**

Stehend vor der Thür eines Hauses, in Begleitung eines Herrn; sie zeigt dem Weibe ihre Hand. Eine sehr geistvolle Composition von schöner Behandlung.

Leinw. 27″ × 23″.

Auction Gildemeester, Cat. Nr. 84. Verk. f. f 28.— an Yver, laut handschriftl. Notiz im Ex. der kgl. Gem. Gal. im Haag.

62. **Ein Greis bei einer Kerze schreibend.**

Auction Fraula zu Brüssel, 21 Juli 1738. Cat. Nr. 164. 1′ × 8¹/₂″. Verk. f. f 8.— Gegenstück zum folgenden Bilde. (H. I 532.)

63. **Ein Raucher, auf dem Tisch Fische.**

Gegenstück zum vorigen Bilde. Ibid. Cat. Nr. 165. Verk. f. f 9.10.—

64. **Eine Spinnerin.**
Auction des Nachlasses. Cat. Nr. 23: schön gemalt. Verk.
f. f 2.12.—

65. **Eine lesende Person.**
Ibid. Cat. Nr. 29. Verk. f. f 4.—

66. **Ein Knabe der ein Vogelnest raubt.**
Auction D. Grenier zu Middelburg, 18 Aug. 1712. Cat. Nr. 3.
Verk. f. f 2.10.— (H. II 358.)

67. **Ein sitzendes Mädchen.**
Auction 3 Mai 1729 im Haag. Cat. Nr. 87: sehr ausführlich. Verk. f. f 46.— (Terw. 7.)

68. **Ein lesender Mann.**

69. **Eine Frau im Gebet.**
Auction 28 Juni 1756 zu Rotterdam. Cat. Nr. 28. Jedes Bild
8" × 7". Zusammen verk. f. f 22.— (Terw. 149.)

70. **Ein Einsiedler.**
Auction B. Croonenburgh zu Amsterdam, 22 März 1762. Cat.
Nr. 33: sehr ausführlich. 7¹/₂" × 6". Verk. f. f 20.—, laut
handschriftl. Notiz im Ex. des kgl. Kupferstichcabinets zu
Dresden.
Dieses Bild könnte mit Nr. 68 identisch sein.

71. **BRUSTBILD EINES ORIENTALEN.**
In Lebensgrösse. Leinw.
Amalienstift zu Dessau. Cat. 1877 Nr. 92.

72. **ALTER MANN IN EINEM PERGAMENT LESEND.**
In Lebensgrösse. Leinw.
Ibid. Nr. 162.

73. **BRUSTBILD EINER JUNGEN ORIENTALIN.**
In Lebensgrösse. Leinw.
Ibid. Nr. 409.

74. **AUSRITT ZUR JAGD.**
Gemälde, vermutlich biblischen oder geschichtlichen Inhalts,
eine zahlreiche, vornehme Gesellschaft auf der Terrasse eines
Palastes darstellend, welche eben im Begriff ist, zum Kriege oder
zur Jagd auszureiten. Ein Krieger führt eine festlich angezogene
Dame zu ihrem Pferde. Im Vordergrund sind etwa 10—12
spanngrosse Figuren dargestellt.
Im Schlosse zu Meiningen.

75. **Hirt und Hirtin.**
   Auction des Nachlasses. Cat. Nr. 16: kunstreich und ausführ-
   . lich gemalt. Verk. f. f 14.10.—

76. **Ein Gegenstück dazu.**
   Ibid Nr. 17. Verk. f. f 12.10.—

77. **Ein Schuster, der einer Frau das Maass nimmt.**
   Ibid Nr. 26. Verk. f. f 9.—

78. **Eine musizirende Gesellschaft.** ·
   Auction H. v. d. Vugt zu Amsterdam, 27 Apr. 1745. Cat.
   Nr. 86: 2'2" × 1'9". Verk. f. f 43.— (H. II 163.)

79. **Ein Königspaar auf einem Throne.**
   Auction 3 Mai 1729 im Haag. Cat. Nr. 88. Auf Kupfer gemalt.
   Verk. f. f 35.10.— (Terw. 7.)

80. **Ein schönes Cabinetstück mit drei Figuren** und anderm Beiwerk.
   Auction 24 Apr. 1737 im Haag. Cat. Nr. 18: sehr ausführlich
   gemalt. 16" × 13". Verk. f. f 60.— (Terw. 13.)

81. **Ein Bauer wird vom Stein geschnitten.**
   Auction 20 März 1764 im Amsterdam. Cat. Nr. 160. 8" × 6".
   Verk. f. f 15.— laut handschriftl. Notiz im Ex. des kgl. Kupfer-
   stichcabinets zu Dresden.

82. **Ein Nachtstück.**
   Auction D. Grenier zu Middelburg, 18 Aug. 1712. Cat. Nr. 4:
   sehr gut gemalt. Verk. f. f 3.10.— (H. II 358.)

83. **Eine Kerzenbeleuchtung.**
   Auction des Nachlasses, Cat. Nr. 15: sehr kräftig gemalt.
   Verk. f. f 27.—

84. **Ein Nachtstück.**
   Auction A. Leers, Amsterdam 19 Mai 1767. Cat. Nr. 69:
   17" × 13". Verk. f. f 33.— (Terw. 601.)
   Dieses Bild kann den Maassen nach identisch sein mit Nr. 24.

84a. **Bauernkneipe.**
   Zwei Bauern sitzen rauchend und trinkend bei einer Tonne.
   Ausführlich behandelt.
   Auction Mr. H. A. Haarsma zu Amsterdam, 8 Oct. 1867.
   Cat. Nr. 29: Holz 30 × 24 c.M.

VI. BILDNISSE.

85. **Der Czar und die Czarin.**
Auction des Nachlasses. Cat. Nr. 28. Verk. f. f 50.— ˙

86. **Regentenstück aller Herrn, welche zur Münze in Dordrecht gehören.**
Erwähnt von v. Gool. N. S. I 133.

87. **Porträt des Burggrafen van Nijmegen.**
Laut Houbrakens Aussage i. J. 1694 gemalt. (G. S. III 202).

88. Desgl. von **D. Flud van Giffen**, Pastor zu Dordrecht († 1701).
Adr. Haelwegh sc. (Fred. Muller, Catal. v. 7000 Portretten, Nr. 1857.)

89. Desgl. von **Jac. Oldenborg**, id. id. (1650—1690).
Adr. Haelwegh sc. (Fred. Muller a. a. O. Nr. 3995). Der Stich bildet das Gegenstück zum vorhergehenden.

90. Desgl. von **S. van Til**, id. id. (1644—1713).
A. v. Zylvelt sc.

91 und 92. Desgl. von **DAN. HOOFT** (geb. 1675) und seiner Frau **SOPHIA MARIA REAAL** (geb. 1687).
Ihrem Alter nach müssen die Dargestellten kurz vor Houbrakens Tode von ihm gemalt worden sein.
Im Besitze des Herrn Hooft van Vreeland zu Amsterdam.

93. Desgl. eines Herrn **RUDOLPH VON LOEN** zum Eichlerhof in Frankfurt am Main.
Holz 42 × 34 c.M. Bez.: Houbraken.
Städel'sches Institut in Frankfurt a/M. Cat. 1883 Nr. 202.
Geschenk des Herrn Joh. Friedr. Koch 1878.

94. Desgl. der Frau **CHRISTINA BEELAERTS, geb. POMPE.**
Sitzend mit zwei Kindern; links oben kleine Engel mit verstorbenen Kindern. Lebensgross in ganzer Figur.
Leinw. R. unten bez. A. Houbraken.
Im Besitze der Familie Beelaerts im Haag.

95. **Das Bildnis von Thomas Morus.**
Auction Baron Schönborn zu Amsterdam, 16 Apr. 1738.
Cat. Nr. 142. Verk. f. f 6.— (H. I 515.)

96. **Mehrere Bildnisse Jan van Hoogstratens.**
Vgl.: *A. Houbraken aan den gunstigen lezer.* Vor: *De Kruisheld of het leven van den grooten Apostel Paulus* von J. v. Hoogstraten 1712.

VII. LANDSCHAFTEN.

97. **Eine kleine Landschaft.**
 Auction des Nachlasses. Cat. Nr. 30. Verk. f. f 1.14.—

98. **LANDSCHAFT MIT HIRTEN UND VIEH.**
 Rechts Berge, links Bäume vor einer Ruine.
 Holz 74 × 100 c.m.
 Galerie Liechtenstein in Wien. Cat. 1885. Nr. 288.

99. Eine kleine **Landschaft** von **Swaneveld** mit **Pferden** von **Houbraken.**
 Auction 2 Mai 1708 zu Dordrecht. Cat. Nr. 18. Verk. f. f 10.— (H. I 120.)

100. Eine **Landschaft** von **A. Pijnacker,** von **Houbraken** geistreich **staffirt.**
 Auction L. v. Hairen zu Dordrecht, 13 Oct. 1718. Cat. Nr. 15. Verk. f. f 34.— (H. I 219.)

101. Ein besonders ausführlicher **Tempel** von **B. V. B.** oder Barth., van Brüssel [= Bartholomeus van Bassen] mit sehr schön hinzugefügten **Figuren von A. Houbraken.** [1)]
 $32^1/_4''$ × $47^1/_2''$ (Dordrechtsches Maass).
 Sammlung van der Linden van Slingelandt zu Dordrecht (H. II 489.)

[1)] In Bezug auf diese und die beiden vorhergehenden Nummern ist daran zu erinnern, dass die Künstler van Bassen, Swaneveld und Pijnacker wesentlich älter waren als Houbraken. Van Bassen starb 1652, Swaneveld 1655 und Pijnacker 1673. Da Houbraken 1660 geboren wurde, kann er mit keinem von ihnen in dem Sinne zusammen gearbeitet haben, wie dies z. B. Adr. van de Velde und Joh. Lingelbach mit Jac. Ruisdael, J. Wijnants u. a. taten. Er hat also „in geistreicher und schöner Weise", wie die Cataloge uns versichern, die längst vorhandenen Bilder mit Staffage von seiner Hand bereichert, ein Verfahren, das in jener Zeit nicht ohne Analogieen ist. Erzählt z. B. van Gool (N. S. II 141), dass der im J. 1688 geborene Robert Griffier Bilder von Jac. Ruisdael so genau in der Art des Phil. Wouwerman mit Pferden und Figuren zu staffiren wusste, dass sie von den Liebhabern als Originale dieser beiden Meister gekauft wurden. Ferner befindet sich in der Braunschweiger Galerie eine 1630 datirte Kirche von P. Saenredam, worin sich eine zahlreiche Staffage im Costüm von etwa 1700 bewegt.

VIII. BILDER OHNE ANGABE DES DARGESTELLTEN GEGENSTANDES.

A. Ein Bild von Houbraken.

Auction R. Pickfatt zu Rotterdam, 12 Apr. 1736. Cat. Nr. 87.
1'4″ × 1'7″. Verk. f. f 91.— (H. I 471.)

B. Ein schönes Bild von A. Houbraken von kapitaler Composition, aus seiner besten Zeit.

Auction 15 Apr. 1739, Amsterdam. Cat. Nr. 121. Verk. f.
f 58.— (H. I 582.) ¹)

---

¹) Galland, Gesch. d. holl. Baukunst S. 505 erwähnt Kamin-, Decorations- und Plafondgemälde im Innern des Enkhuizer Rathauses von G. de Lairesse, A. Houbraken und van Neck. Ich habe vergeblich sowohl im Gebäude selbst nach derartigen Bildern von de Lairesse und Houbraken gesucht, als auch in der Literatur die Belegstelle für diese Behauptung zu finden getrachtet. Auch das unlängst erschienene Kunstinventar eines Teils der Provinz Nord Holland (Noord-Hollandsche Oudheden beschreven en afgebeeld door G. van Arkel en A. W. Weissman) schweigt über dieselben.

3. Aeussere Beschreibung der Groote Schouburgh, und Ausgaben derselben.

Die Groote Schouburgh besteht aus drei Bänden zu 381, 361 und 408 Octavseiten, wozu noch ein nach den Vornamen geordnetes Verzeichnis der behandelten Maler, ein Register der Bildnisse und eine Liste der vornehmsten, erwähnten Sachen und Merkwürdigkeiten kommen. Der erste Band enthält auf 19 Tafeln 50 Malerbildnisse, von denen eins auf dem Titelblatt vorkommt, eins den Verfasser darstellt, und die übrigen mit A. bis R. bezeichnet sind. Ferner befindet sich im ersten Band eine Tafel mit Opfergeräten, eine Radirung nach einer Rembrandtschen Zeichnung (Die Jünger zu Emmaus) und im Texte auf S. 143 die Abbildung von drei antiken Münzen mit einem Dreifuss als Gepräge, sowie auf S. 192 die Abbildung zweier einbalsamirter Kinderleichen. Diese kommt in den meisten Exemplaren als S c h a b k u n s t b l a t t mit dem Kopfe des g r ö s s t e n Kindes an der l i n k e n Seite vor, doch giebt es deren auch, in welchen eine gegenseitige R a d i r u n g vorkommt. Der zweite Band enthält 10 Tafeln (A—K) mit 25 Bildnissen und ausserdem je eine mit antiken Feldzeichen und Medaillen und eine aus des Vf's „*Zinnebeelden*" herübergenommene Darstellung von Jupiter und Semele. Der dritte Band endlich bietet 30 Bildnisse auf 14 Tafeln (A—O), sowie im Texte auf S. 150 die zwei Seiten einer antiken Münze mit Bacchischen Darstellungen und auf S. 333 die Abbildung eines Schildes zur Erinnrung an die Wiederaufrichtung der Amsterdamer Lucasgilde im Jahre 1654.

Die Bildnisse sind mit Ausnahme zweier Tafeln im dritten

Bande (D und F, von der Hand des D. Jongman), sämmtlich von Jacobus Houbraken gestochen. Von den übrigen Tafeln sind die Jünger zu Emmaus und Jupiter und Semele laut seiner Aussage von Arnold's eigener Hand. Während das Blatt mit den Opfergeräten mit W. Jongman bezeichnet ist, zeigen die übrigen gar keinen Stechernamen, ebensowenig wie die Titelvignetten, und das Wappen auf der Dedicationstafel im zweiten Bande. Das der Dedication des ersten Bandes ist mit „J. Mulder sculps." bezeichnet. Diese Dedicationen sind im ersten Bande gerichtet an „Den Edelen Gestrengen Heer, „den Heer Johan van Schuilenburch, Raadsheer, Secreta-„ris en Griffier van de nagelaten domeinen van wijle zijn „koninklijke Majesteit van Groot-Brittanje, hoogloffelijker ge-„dachtenisse enz. enz., groot beminnaar van de schilderkunst", und im zweiten an „Den Konstlievenden Heere, den Heer „Mr. Pieter de la Court vander Voort". Im dritten Bande fehlt in Folge des inzwischen eingetretenen Todes des Verfassers eine Dedication.

Von dem Werke erschien im Jahre 1753 im Haag bei J. Swart, C. Bouquet und M. Gaillard ein Neudruck, ebenfalls in drei Bänden und überhaupt ein wörtlicher Abdruck der Originalausgabe. Diese Wörtlichkeit geht soweit, dass sogar Stellen wie „er lebt heute noch", oder „er ist jetzt zwei Jahre tot" unverändert geblieben sind. Der einzige Unterschied, ausser einigen Druckfehlern ist der, dass das Register jetzt nach den Familien-, anstatt nach den Vornamen der Künstler geordnet ist. Die Qualität der Abbildungen hat sich bedeutend verschlechtert, da die Bildnisse (mit Ausnahme derer von Houbraken und van der Werf) inzwischen für Jac. Campo Weyermans Levensbeschrijvingen der Nederlandsche konstschilders verwendet worden waren. B. I S. 192 findet sich hier durchgängig die Radirung statt des Schabkunstblattes und im dritten Bande ist eine Tafel P. mit den Bildnissen der Brüder Berckheyde und Casp. Netschers eingeschaltet. ·

Eine dritte Ausgabe war dem Werke Houbrakens vor kaum einem Jahrzehnt beschieden. Sie erschien in deutscher Sprache, und zwar als Nr. XIV der Quellenschriften für Kunstgeschichte von Eitelberger v. Edelberg, Wien 1880 bei W. Braumüller. Sie wurde nach Angabe des Titelblatts übersetzt, mit Einleitung; Anmerkungen und Inhalts-verzeichnissen versehen von Dr. Alfred von Wurzbach. Zu bemerken ist aber, dass der zweite Band, der die Anmerkungen enthalten sollte, bisjetzt nicht erschienen ist [1]). Auch ist zu constatiren, dass hier nicht eine Gesammtausgabe der Groote Schouburgh vorliegt, sondern dass „alle „jene Stellen, welche ihrem Inhalte nach moralisirend oder „philosophirend sind, ebensowie mehrere ermüdende Abhandlun-„gen antiquarischen Inhalts, Anekdoten, die zur Charakterisirung „des Künstlers nichts beitragen, und alle eingestreuten Gedichte" ausgelassen sind (Einl. S. XV). Kann man dem Uebersetzer nur beistimmen in der Ausmerzung jener antiquarischen, philosophirenden und moralisirenden Excurse, so muss man ihm andererseits zum Vorwurf machen, dass er in der Weglassung von Anekdoten entschieden zu weit gegangen ist, und auch sonst Abschnitte ausgelassen hat, die zu keiner der von ihm aufgezählten Categorien gerechnet werden können. So z. B. B. I S. 365 die Beschreibung eines Bildes von Abr. Bloemaert, welches Houbraken selbst gesehen zu haben erklärt; so am Schlusse desselben Bandes mehrere Mitteilungen über Bilder von Dav. Teniers und J. Steen; so, um nur dies noch anzuführen, B. II S. 75 eine Stelle, woraus die persönliche Bekanntschaft des Malers Pieter Roestraten mit P. v. Laer, Jan [soll heissen Jacob] de Wet, Phil. Wouwerman und Mich. Carré hervorgeht und aus welcher man ausserdem erkennt, auf welche Art Houbraken zu seinen Nachrichten gelangte [2]).

Ehe ich diese Beschreibung der verschiedenen Ausgaben schliesse, muss ich noch bemerken, dass die von Wurzbach'sche

---

[1]) Auf eine Anfrage, auf buchhändlerischem Wege an den Verleger gerichtet, habe ich die Antwort bekommen, dass ein Erscheinen dieses zweiten Bandes vorläufig nicht in Aussicht genommen ist.

[2]) An anderer Stelle (S. 63 unten) werde ich ein Beispiel dafür anführen, wie wichtig manche der von Wurzbach weggelassenen Anekdoten von rein kunstgeschichtlichem Gesichtspunkte sind.

Uebersetzung nur mit Vorsicht und unter beständiger Heran-
ziehung des Originals zu benützen ist, da des Vf's Kräfte, bzw.
seine Kenntnisse der holländischen Sprache nicht ausreichten,
um diese schwierige Arbeit zu bewältigen. Ein Verzeichnis derjenigen Stellen zu geben, an welchen falsche Uebersetzungen
vorliegen, würde die mir hier gebotenen Grenzen überschreiten,
ich kann nur versichern, dass fast auf jeder Seite mehrere derselben zu finden sind. Dagegen verdienen die drei Register
des Buches die höchste Anerkennung und man wird dieselben
auch bei der Benützung der Originalausgabe mit Erfolg zu
Rate ziehen.

4. Plan und Anlage des Werkes.

Hierüber geben die Titelblätter in erster Linie Auskunft; das der ersten Bandes lautet: „Die grosse Schouburgh [1]) der nieder- „ländischen Kunstmaler und Malerinnen, von denen viele mit „ihren Bildnissen auf der Bühne erscheinen und deren Lebens- „führung und Kunstwerke beschrieben werden, eine Fortsetzung „des Malerbuches von K. v. Mander bildend". Das Titelblatt des zweiten Bandes wiederholt diese Worte und fügt hinzu: „der zweite Band, der seinen Anfang nimmt mit dem Jahre „1613 und fortfährt mit den Künstlern, deren Geburt bis zum „Jahre 1635 fällt", während der dritte Band an derselben Stelle aussagt, dass er die Künstler umfasse, deren Geburt zwischen den Jahren 1635 und 1659 liegt. Wie klar und einfach diese Disposition auch scheinen mag, in der Praxis gestaltet sie sich wesentlich anders. Richtig ist, dass Houbraken mit den Meistern den Anfang macht, die van Mander vergessen hat (S. 11), und dann eine Anzahl Maler behandelt, die beim Abschluss des *Schilderboecks* noch lebten, indem er die Biographien von dem Punkte an weiterzuführen versucht, an dem van Mander aufgehört hatte. Im Uebrigen aber kann man ohne Uebertreibung behaupten, dass dreiviertel sämmtlicher Künstler n i c h t in ihrem Geburtsjahr erwähnt werden. Und wie hätte dies auch geschehen können, bei der grossen Anzahl von Fällen, in denen das Geburtsjahr

---

[1]) Schouburg heisst wörtlich Schauspielhaus und ist offenbar die Uebersetzung des damals für Sammelwerke so sehr beliebten lateinischen Ausdrucks t h e a t r u m. Des bequemen Citirens wegen behalte ich das Wort im Anschluss an Wurzbach unübersetzt bei.

unbekannt war! Zwar versucht Houbraken in einigen derselben durch Combinationen seinen Zweck zu erreichen, aber
diese haben meist so wenig Annehmbares, dass wir dem Verfasser nur dankbar sein können, wenn diese Fälle zu den Ausnahmen gehören. So berechnet er z. B. mit Benützung der Angabe
van Manders, dass Pieter Lastman 1604 in Italien war, das
Geburtsjahr desselben auf 1581, indem er annimmt, dass er
nicht vor seinem 23sten Jahre die Reise nach dem Süden unter-
nommen haben werde (B. I S. 97). Dreissig Seiten weiter spricht
er über Jac. Ernst Thoman von Hagelstein, erwähnt
sein Zusammensein mit Lastman in Italien ums Jahr 1605 und —
giebt als Geburtsjahr 1588! (B. I S. 132). Auch Johannes
Lingelbach war nach Houbrakens, allerdings um zwei Jahre
zu jung angesetzte Angabe, im Alter von 17 Jahren schon in
Frankreich und zwei Jahre später in Rom (B. II S. 145).

Ein zweiter, durch die Verhältnisse erzwungener Grund, von
der chronologischen Reihenfolge abzuweichen, war, dass der
Verfasser oft nicht zur rechten Zeit die erbetene Auskunft über
einen Meister erhalten hatte. Am Schlusse des ersten Bandes
(S. 370) spricht er hierüber, und fordert seine Leser auf,
ihm Mitteilungen zu machen über Barth. Breenberg, Gabriel
Metzu, Gerard ter Borch und Gerard van Zijl. Die Biographie ter Borchs bekommt er erst, als er, beim Anfang des
dritten Bandes, schon bis zum Jahre 1635 vorgeschritten ist,
während nach seinen Quellen der Künstler schon im Jahre 1608
geboren wäre [1]). Nach ter Borch (S. 40 ff.) kommt dann erst
der bereits 1615 geborene Gabriel Metsu an die Reihe [2]).

Ausserdem weicht Houbraken noch aus den mannigfachsten
Gründen von der chronologischen Reihenfolge ab. So liebt er es
Mitglieder derselben Familie an der gleichen Stelle zu besprechen:
die Brüder Crabeth (B. I S. 26), Is. Nicolaï und seine drei Söhne
(B. I S. 36), Abr. Bloemaert und seine drei Söhne (B. I S. 43), die

---

[1]) Allerdings wissen wir heutzutage, dass diese Angabe falsch ist,
und ter Borch erst 1617 das Licht der Welt erblickte.

[2]) Auch diese Angabe ist unrichtig, da urkundlich feststeht, dass
Metsu erst um 1629/30 geboren wurde.

Malerfamilie Franck (Vranx) (B. I S. 51), den alten Jac. Wzn. Delff und seine 3 Söhne (B. I S. 61, dagegen den Enkel erst B. II S. 56), die Familie Hals (B. I S. 90), die de Bray (B. I S. 175), die Cuyp (B. I S. 237), die drei Karel van Mander (B. I S. 251), die drei Quellinus (B. I S. 291), die Everdingen, Vaillant, Withoos, Busschop, Roos, Hondecoeter, Lairesse usw. usw., um von allen den Fällen, wo blos zwei Künstler desselben Namens erwähnt werden, gar nicht zu reden. Ein anderes Mal führt er eine Reihe von Künstlern hinter einander auf, die er in einer seiner Quellen, mit der er sich in dem Augenblicke grade beschäftigte, erwähnt fand. So werden von S. 26 bis 34 zwölf Gouda'sche Künstler, deren Lebensbeschreibungen alle aus Walvis' Beschrijving der stad Gouda stammen, nach einander erwähnt. Aus derselben Quelle folgen B. II S. 90—93 acht weitere Meister. Van Dijcks Iconographie veranlasste, dass B. I S. 188 f. acht Künstler zusammengefügt wurden. Aus de Bie wurden B. I S. 216—222 25 Künstlerbiographien — manche allerdings sehr kurz — erwähnt, und aus derselben Quelle B. II S. 139—145 nochmals 23 Maler citirt; desgleichen aus Bleyswijcks Beschrijving der stad Delft B. I S. 235 f. Notizen über sechs Künstler und aus Schrevelius' Harlemias B. II S. 122 ff. über achtzehn. Nicht immer hat Houbraken dann gemerkt, dass er Diesen oder Jenen bereits an andrer Stelle erwähnt hatte, in Folge dessen manchmal recht heitre Verwechslungen vorkommen. So hat er B. I S. 276—282 eine recht ausführliche, in der Hauptsache auf die Teutsche Academie zurückgehende Lebensskizze Joachim von Sandrarts gebracht, was ihn nicht verhindert, kaum zehn Seiten weiter eine Notiz aus de Bie zu entlehnen, die sich offenbar auf denselben Maler bezieht, aber ihn durch den falschen Vornamen Jacob irreführte. Ähnlich verhält es sich mit Justus van Egmont der B. I S. 223 in Anschluss an de Bie erwähnt wird, nachdem er bereits S. 171 unter den Leidener Malern [aus Orlers] aufgezählt war [1]).

---

[1]) Vgl. über Houbrakens Flüchtigkeit an dieser Stelle, den Abschnitt über Orlers. Ausser dem zu Leiden geborenen Justus van Egmont gab es dort noch einen Maler Pieter Cornelisz van Egmondt, über

Andere Fälle von Erwähnung an verschiedenen Stellen sind
z. B. P. de Laer. B. I S. 359 aus Sandrart; B. II S. 124
aus Schrevelius; desgleichen Joh. Torrentius B. I S. 137 und
B. II S. 118. Jan Adriaensz de Man B. I S. 170 aus Orlers,
als Lehrer van Goyens, und bereits S. 120 aus dem von Orlers
vollständig abhängigen van Leeuwen als: Jan Arentsz, guter
Landschafter aus der Zeit des David Bailly.
Ein dritter Grund um chronologisch getrennte Künstler zu
vereinen, ist das Schülerverhältnis. Beispiele dafür sind B. I S. 128.
Cornelis Poelenburg, nebst seinen Schülern van der Lisse,
Vertangen, Verwilt, van Rijzen und van Steenre. Vorher, B. I
S. 76 ff. schon Soutman, Schut, Sam. Hofman und Jan van Hoek
als Nachfolger des Rubens. B. I S. 158 Hendrik Berckman
nach seinem Lehrer Jordaens. B. I S. 273 Paudiss, Wulfhagen
und Jurr. Ovens als Schüler Rembrandts. B. II S. 95 erscheinen
vier Schüler des Caes. van Everdingen nach ihrem Lehrer
und B. III S. 285 f. deren fünf nach ihrem Lehrer Joh. Verkolje. Auch die drei Lehrer Houbrakens: Willem Drillenburg, Jacob Lavecq und Samuel van Hoogstraten fanden nach
einander ihren Platz (B. II S. 147 ff.).
Kleinere Gruppen bilden ferner: Glasmaler: (B. I S. 27 ff.:
Dirk und Wouter Crabeth, Tomberg, Willem Tybout, Corn.
Ysbrantsz Kusseus und Laurens van Koot; B. II S. 209: Josef
und Catharina Oostfries, Claes van der Meulen und Jan Jansz.
Slob); Personen vornehmen Standes: (B. II S. 227 von Fabius
Pictor und König Renatus von Sizilien bis zu den Bürgermeistern
van Delen, van der Lisse, Verschuring, van der Ulft und
ter Borch); Schnellmaler: (B. I S. 165 ff. Frans Floris, van Goyen,
Knibbergen, Porcellis, Raimond la Fage und Boitard); Rivale:
(B. I S. 78 f. Marten Pepijn und Abr. Janssens nach Rubens)
und Frauen: (B. I 313 ff. Anna Maria Schuurmans und Margaretha
Godewijk) ¹).

den Bredius Documente aus den Jahren 1637, 1643 und 1656 besitzt,
während er erst 1661—62 in den dortigen Gildebüchern vorkommt
(Obreens Archief V. 223).
¹) An dieser Stelle entschuldigt sich Houbraken sogar beim Leser, dass

Endlich sei hier erwähnt, dass Houbraken B. I S. 205 ff. die
Geburt von Joan Lijs und Jan Davidsz de Heem ins Jahr 1600
versetzt, um dadurch diesem Jahre besondern Glanz zu verleihen.

Eine Chronologie eigener Art ist es, wenn Houbraken Künstler,
über die ihm sonst keine Daten bekannt geworden sind, nach
irgend einem Ereignis ihres Lebens, meistenteils nach ihrem
Todesjahr, seiner Reihenfolge einverleibt. So finden z. B. Cornelis
Janssens van Ceulen und Gerard Pzn. van Zijl unter den 1630
geborenen Künstlern ihren Platz (B. II S. 224 f.), weil sie sich
um diese Zeit am Englischen Hofe aufgehalten haben sollen,
während dagegen die folgenden Künstler in ihrem Todesjahr
behandelt werden: Karel van Mander (1606, B. I S. 251), Hendrik Goltzius (1617, B. II S. 35), Cornelis van Haarlem (1638,
B. III S. 89), Gerard Seghers (1651, B. III S. 317), Carel
Fabritius (1654, Bd. III S. 337), Paulus van Hillegaert und
Pieter de Ruelles (1658, B. III S. 379).

Sieht man von Fällen, wie den im Vorhergehenden aufgezählten
ab, dann darf man in Bezug auf die übrigen Biographien annehmen, dass Houbraken bei ihnen die chronologische Reihenfolge nach der Geburt befolgt habe, wobei der häufig gebrauchte
Ausdruck „Zeitgenosse" immer heissen soll: geboren in demselben Jahre.

Da diese chronologische Reihenfolge nicht immer genügende
Beachtung gefunden hat, sei dieselbe hier durch ein auch aus
andern Gründen interessantes Beispiel illustrirt.

Otto Marseus, der bekannte Sträuche- und Insectenmaler wird
von Houbraken am Schlusse des ersten Bandes behandelt und zwar
nach Johannes Mytens [Meyssens], Pieter Janszen und Thomas
Willeborts Bosschaert (nach Houbraken geboren 17 Mai 1612;
1612 und 1613) aber vor Pieter de Laer, dessen Geburtsjahr mit
circa 1613 angegeben wird, und vor Nicolaes de Helt-Stocade,
Abr. Willaerts und Jacques d'Arthois, die ebenfalls im Jahre 1613
geboren sein sollen. Nach dem Platze, den er in der Groote Schouburgh einnimmt, hätte Marseus also in demselben Jahre das Licht

er diese Frauen, deren Geburt viele Jahre aus einander liege, nach
einander behandle.

der Welt erblickt. Hiermit stimmt überein, dass er nach Angabe von Houbrakens Quelle im Jahre 1673, 60 Jahre alt, starb. Letztere Angabe ist aber erwiesenermaassen falsch, wie A. D. de Vries bereits im ersten Jahrgang von Oud Holland (S. 168) mitteilen konnte, indem er einen Auszug aus dem Beerdigungsbuche Amsterdams veröffentlichte, woraus hervorgeht, dass unser Künstler erst am 22 Juni 1678 begraben wurde. Fast gleichzeitig, und wohl unabhängig von einander, wurde in jüngster Zeit an zwei verschiedenen Stellen (Descriptive and historical catalogue of the pictures in the National Gallery; Ausgabe von 1889, S. 259, Anm. †; und Bode, die Galerie zu Schwerin, in den Graphischen Künsten vom J. 1888, S. 18) die Vermutung aufgestellt, die Jahreszahl 1673, deren Quelle die Wittwe des Marseus war, könne Druckfehler sein für 1678. Obwohl diese Vermutung unterstützt wird durch die Angabe eines zweiten von de Vries gefundenen Documents, dass nämlich der Künstler bei seiner 1664 erfolgten Heirat nach eigener Erklärung 44 Jahre alt war, darf man sie doch nicht als berechtigt hinstellen, eben weil die Erwähnung zwischen mehreren im Jahre 1613 geborenen Künstler sicher beweist, dass Houbraken dieses Jahr für das Geburtsjahr des Künstlers hielt, ebensowie 1673 für das Todesjahr. Hat er bei letzterem sicher Unrecht, so muss erstere Behauptung durch kräftigere Gründe widerlegt werden, als es bisjetzt geschehen ist. Wir wissen aus vielen Beispielen, deren bekanntestes das des Willem van Aelst ist (O. H. III S. 58) [1]), dass man es im siebzehnten Jahrhundert mit den Alterserklärungen bei Verlobungen nicht gar zu genau nahm. Hier liegt der Fall vor, dass die Braut erst 20 Jahre alt war, und es ist daher durchaus nicht unwahrscheinlich, dass der einundfünfzigjährige Bräutigam, sein Alter um sieben Jahre zu gering angab.

Im Vorhergehenden habe ich betont, dass Houbraken in vielen

---

[1]) Er erklärt 31 Dec. 1678 52 Jahre alt zu sein, während er bereits am 9 Nov. 1643 Mitglied der Delfter Gilde wurde. Dies wäre kaum möglich gewesen, wenn er damals bloss 17 Jahre gezählt hätte. Auch kommen von 1644 an datirte Bilder von ihm vor (Dresden. Cat. Nr. 1330).

Fällen von der Chronologie abweicht, wo er Mitglieder derselben Familie nach einander anführt. Im Gegensatz hierzu giebt es auch Fälle, wo er die Erwähnung eines jüngern Gliedes bis zu dessen Geburtsjahr aufschiebt, wie z. B. beim jüngeren Jac. Wzn. Delff, bei Benjamin Blok, bei Samuel und Jan van Hoogstraten und dergl. mehr. Einige ähnliche Fälle im zweiten und dritten Bande, wo für die Biographie des Sohnes eines Malers auf des ersteren Geburtsjahr verwiesen wird, enthalten einen Hinweis darauf, dass Houbraken seinem Werke noch einen vierten Teil zugefügt hätte, wenn er nicht bereits vor der Ausgabe des dritten gestorben wäre [1]). Derartige Stellen sind z. B. B. II S. 314. „Wir werden Jacobus de Baen in seinem Geburtsjahr „(1673) gedenken." B. III. S. 285. „Vom Adlerflug, den Nico-„laas Verkolje in der Kunst nahm, werden wir unter dem „Jahre 1673 berichten." und B. III. S. 286. „Von Willem Hen-„driksz. Verschuring werden wir später Meldung machen."

Neben den kunstgeschichtlich wichtigen Bestandteilen der Groote Schouburgh bilden die sogenannten Zwischenreden einen leider nicht unbeträchtlichen Teil derselben. Sie sind anti-quarischen, philosophirenden oder moralisirenden Inhalts, aber ohne auch nur im geringsten den Wert selbständiger Unter-suchungen zu haben. Die Listen „der vornehmsten und bemer-kenswertesten Sachen," welche jedem Bande angehängt sind, beweisen einerseits, welchen grossen Wert der Verfasser

---

[1]) Dem vorzeitigen Tod des Verfassers schreibt van Gool auch den Uebelstand zu, dass „sich im dritten Bande mannigfache Unordnungen befänden" (N. S. I S. 5) und an anderer Stelle sagt er (B. I S. 140) „das Werk [soll wohl heissen: der dritte Band] würde weniger fehlerhaft und in seiner Art vollkommener herausgegeben worden sein, wenn der Verfasser daran hätte die letzte Hand legen können". Dieses Urteil ist seitdem allgemein als richtig angenommen worden, aber wie ich glaube, mit Unrecht. Van Gool hat dabei entweder blos die grosse Zahl der Druckfehler: 45 im dritten, 13 im zweiten und nur 6 im Verzeichnis des ersten Bandes rügen wollen, oder ihm sind die Fehler in den Biographien der späteren, ihm also zeitlich näheren Künstler mehr aufgefallen, als die in den Biographien der beiden ersten Bände. Für uns, die wir an jeden Band denselben Maassstab anlegen können, steht der dritte Band in dieser Beziehung durchaus nicht gegen die beiden anderen zurück.

diesem, von seiner Belesenheit Zeugnis ablegenden Teile seines
Werkes beimass und andrerseits geben sie uns eine Uebersicht über
die darin besprochenen Gegenstände. So behandelt Houbraken um
ein Beispiel statt vieler anzuführen, B. I S. 203 f. das Thema,
dass ein Historienmaler besser tue in seiner Darstellung den
Geschichtschreibern als den Dichtern zu folgen. Rubens habe
z. B. sehr richtig die Geschichte von Thomiris mit dem Kopfe
des Cyrus nach Herodot wiedergegeben [1]). Wer aber dem franzö-
sischen Dichter Quinault folgen würde, würde den Perserkönig
darstellen, wie er sich als Gefangenen, angesichts des vor dem
Zelte der Thomiris errichteten Schaffottes, mit dem, seinem
Wächter entrissenen Schwerte durch drei Stiche in die Brust
das Leben nimmt. „Wir haben es, fügt er dann sich entschul-
digend hinzu, auf diese Weise getan, aber nicht aus Irrtum,
sondern als Illustration der Uebersetzung jenes Trauerspiels."
Derartige Abhandlungen, in den meisten Fällen weit weniger
interessant, als die eben nacherzählte, ziehen sich durch sämmtliche drei Bände. Der Zweck derselben war, sowohl der, den
Lesern seines Werkes die grösstmögliche Abwechslung zu bieten,
als auch — wenn auch nur bruchstückweise — eine Art theoreti-
sches Handbuch für angehende Maler zu liefern, wie dies ja ausser
van Mander und Sandrart, sein Lehrer Hoogstraten vor ihm,
und zu seinen Lebzeiten Gerard Lairesse getan hatten. Giebt
er sogar einigen dieser Abhandlungen, wie z. B. der über
die Opfergeräte und Feldzeichen der Alten, Abbildungen bei!

---

[1]) Man vergleiche den Stich von P. Pontius, bzw. die Copie von
Ragot.

5. Die Quellen Houbrakens.

A. DIE LITERARISCHEN QUELLEN.

Wie man über Houbraken urteilen mag, eine recht ausgedehnte literarische Kenntnis darf man ihm nicht absprechen. Zwar lassen sich einzelne Werke nachweisen, welche ihm unbekannt geblieben sind, und die er mit Nutzen hätte consultiren können, wie z. B. die Stadtbeschreibungen Amsterdams, die Académie von Bullaert, oder das Werk: Cominciamento e progresso dell' arte dell' intagliare in rame von Franc. Baldinucci [1]), aber im Grossen und Ganzen hat er die einschlägige Literatur gekannt und benützt. Und nicht nur diejenigen Werke seiner Vorgänger, die denselben Zweck verfolgten wie er, wie das Gülden Cabinet de Bie's, die Teutsche Academie Sandrarts, die kleineren Werke de Piles' und le Comte's, hat er auszubeuten gewusst, sondern auch Bücher, deren Inhalt der Hauptsache nach anderer Art ist, hat er für seinen Zweck durchgesehen, und hierin ist er ganz ohne Vorgänger. Während z. B. Sandrart für die niederländischen Künstler vornehmlich van Mander und de Bie excerpirt [2]), zieht Houbraken die Städtebeschreibungen heran, liest die Dichter durch, und weiss sogar in politischen Geschichtsbüchern, wie in Gerard Brandt's Leben des Admiral de Ruyter, Material für sein Werk

---

[1]) Em. Michel hat erst kürzlich wieder in Oud Holland (VIII, 167) die Aufmerksamkeit auf die interessanten Angaben gelenkt, welche dies Werk über Rembrandt enthält.

[2]) Vgl. J. L. Sponsel, Sandrarts Teutsche Academie, Eine kritische Sichtung. Leipziger Doctordissertation. S. 14—22.

zu finden (B. I S. 355). Andrer Art sind wiederum die theoretischen Schriften, wie seines Lehrers Hoogstraten Inleyding tot de Hoge schoole der Schilderkunst, Phil. Angels' Lof der Schilderkunst, W. de Geests Kabinet der Statuen, andrer Art schliesslich die Bildnissammlung, heutzutage bekannt als Iconographie van Dijcks, die Monographie über D.Rzn. Camphuyzen, die Flugschrift über Hendrik Terbruggen usw. und alle diese macht er seinem Zwecke dienstbar.

Im zweiten Teil der vorliegenden Abhandlung werd ich diese Quellenschriften der Reihe nach besprechen, weshalb ich mich hier mit einer kurzen Zusammenstellung der nachweislich benützten begnüge.

A. *Künstlerbiographen.*

1. Karel van Mander, Het Schilderboeck. Houbraken benützt, wie ich unten nachweisen werde, die zweite Ausgabe, vom Jahre 1618, und citirt sie in der Regel nur da, wo er an ihre Darstellung anknüpfend weiter erzählt.
2. Corn. de Bie, Het Gulden Cabinet, Antwerpen 1662. Die darin aufgenommene Bildnissammlung von J. Meyssens: Images de divers hommes d'esprit sublime (1649 erschienen) kennt Houbraken als solche nicht.
3. Joach. v. Sandrart, Teutsche Academie, Deutsche Ausgabe von 1675—79; Lateinische von 1684. Beide sind Houbraken bekannt.
4. Roger de Piles, Abrégé de la vie des peintres.
5. Flor. le Comte, Cabinet des singularitez.
6. André Félibien, Entretiens sur la vie des peintres. Dieses Werk wird von Houbraken ausdrücklich als eine seiner Quellen erwähnt (B. I. S. 45), es ist mir aber auch nicht in einem einzigen Falle gelungen, seine Benützung nachzuweisen.

B. *Theoretische Schriften über Kunst.*

1. Phil. Angel, Lof der Schilderkunst, Leiden 1642.
2. Sam. van Hoogstraten, Inleyding tot de Hoge Schoole der Schilderkunst, Dordrecht 1678.

3. Willem Beurs, De groote Werelt in 't klein geschildert, Zwolle 1692.
4. Wybr. de Geest, Het Kabinet der Statuen, Amsterdam 1702.

C. *Bildnissammlung.*

1. Die sogen. Iconographie van Dijcks und
2. Eine Anzahl von Einzelbildnissen mit ihren Unterschriften, welche ich bei der Besprechung der Bildnistafeln der Groote Schouburgh anführen werde.

D. *Städtebeschreibungen.*

1. Amsterdam, Wegwijzer, 1713 erschienen.
2. Delft, Bleyswyk (1675).
3. Dordrecht, Balen (1677).
4. Gouda, Walvis (1713).
5. Haarlem, Ampsing (1628).
6. _____, Schrevelius (holländisch 1647; lateinisch 1648).
7. Leyden, Orlers (zweite von Houbraken benützte Ausgabe vom J. 1641).
8. _____, van Leeuwen (1672).

Fraglich erscheint die Benützung von van Spaan's Beschreibung von Rotterdam (1698) und der Kronijk van Hoorn (1706).

E. *Gedichtsammlungen.*

1. Citate aus zahlreichen holländischen Dichtern des 17ten und beginnenden 18ten Jahrhunderts, für deren Namen ich aut den zweiten Teil verweise.

F. *Varia.*

1. Het leven van D. R. Camphuijzen, Angaben enthaltend über diesen Theologen, der in seiner Jugend gemalt hatte, und dem Houbraken die jetzt als Werke anderer Mitglieder derselben Familie erkannten Gemälde zuschrieb.
2. G. Brandt, Het leven van M. Azn. de Ruyter, welches S. 476 eine Stelle über W. van de Velde Sr. enthält (Sieh B. I, S. 355).
3. Morery, Grand Dictionaire historique, welchem Houbraken die Biographie Ant. van Dijcks entlehnt.

4. R i c h. T e r b r u g g e n Notificatie of waarschouwing aan alle
liefhebbers der schilderkunst; zur Wahrung der Ehre seines
Vaters Hendrik Terbruggen gegen die angeblichen Angriffe
Sandrarts.

5. Gedruckter Extract aus den Resolutionsbüchern der Stadt
Deventer, über ein Geschenk von 4 Bildern H. Terbruggens
von seinem ebengenannten Sohne Richard gemacht.

6. Die Schriften der M a r i a S i b y l l a M e r i a n, über dieselbe.

7. T. A s s e l i j n, Broederschap der Schilderkunst usw. Vgl.
B. III S. 329 ff. Dieses sehr selten vorkommende Werkchen, welches sich nach Angabe von H. Riegel, Beiträge
zur niederländischen Kunstgeschichte B. II S. 366 auf der
kgl. Bibliothek zu Brüssel befindet, ist mir leider unzu-
gänglich geblieben. Der Inhalt bezieht sich auf das am 21
Oct. 1654 zu Amsterdam gehaltene Lucasfest. Vgl. Vosmaer,
Rembrandt, S. 325 ff.

8. H a a r l e m s D o o d t-B a s u i n, uitgeblazen op de Tombe van
den Heer Jacob van Kampen. Vgl. B. III. S. 380. Houbraken
hat diesem Gedichte das Todesdatum des Künstlers entlehnt
und vermutlich auch die beiden Zeilen auf S. 381, worin
der Giebel des Herrn Guldewagen mit der Darstellung
einer Hirschjagd als ein Werk dieses Baumeisters erwähnt
wird. Auch dies Gedicht war mir nicht zugänglich.

Während andere, wie Sandrart und die Franzosen le Comte
und de Piles es liebten, die Quellen zu verschweigen, aus denen
sie ihre Mitteilungen schöpften, hat Houbraken die lobenswerte
Gewohnheit, seine Vorgänger, aus denen er entlehnt, zu nennen.
Wollten jene durch ihr Verfahren den Schein erwecken, alsob sie
die ersten wären, die die betreffende Mitteilung machten, Houbraken hatte im Gegenteil das Bestreben, durch möglichst viele
Citate zu beweisen, wie sehr er mit der einschlägigen Literatur
vertraut sei. Und seine Belesenheit gab ihm dazu, wie wir oben
gesehen haben, gewissermaassen das Recht. Zwar citirt er nicht
bei jeder kleinen Notiz seine Quelle, aber die meisten nennt er
zu wiederholten Malen und häufig giebt er seinen Lesern in

dieser Beziehung dadurch einen Fingerzeig, dass er, wie wir
oben gesehen habe, es liebt eine ganze Reihe von Künstlern,
über welche seine Nachrichten aus derselben Quelle stammen,
hinter einander zu behandeln. Das Citiren der Quelle geht
soweit, dass es mir nicht gelungen ist, auch nur ein einziges
Werk aufzufinden, deren Benützung feststünde, ohne dass es
erwähnt worden sei. Hierdurch sind wir zur Annahme berechtigt, dass mit den oben aufgezählten Werken die Reihe
von Houbrakens gedruckten Quellen im Grossen und Ganzen
erschöpft ist.

In Bezug auf den Umfang, worin Houbraken seine Quellen
ausbeutet, muss man ihm ein günstiges Zeugnis ausstellen: er
tut es in der Regel in erschöpfender Weise. Als Beispiel
dafür will ich nur anführen, dass er bei Sandrart nicht nur
den grossen Abschnitt des ersten Bandes kennt, worin dieser
die niederländischen Maler behandelt, sondern dass er auch
den Nachtrag dazu im zweiten Bande, der zwischen Abhandlungen ganz anderer Art versteckt ist, benützt und schliesslich
auch noch entdeckt hat, dass die lateinische Ausgabe Mitteilungen enthält, welche an keiner der beiden Stellen der
deutschen zu finden sind. Auch bei den Stadtbeschreibungen,
welche der Mehrzahl nach einen besondern Abschnitt mit
Künstlerbiographien enthalten, hat er denselben in vollem Umfang
benützt. Nur sind ihm dort meistens diejenigen Stellen entgangen,
an denen bei der Beschreibung von Kirchen, Rathäusern, Doelen
usw. von den daselbst befindlichen Kunstwerken und ihren Urhe-
bern gesprochen wird. In der zweiten Abteilung werde ich diese
Stellen einzeln anführen. Daher kann ich mich hier mit diesen
kurzen Andeutungen begnügen.

Was die Autorität betrifft, die er den einzelnen Quellen bei-
misst, so ist Houbraken darin ein echtes Kind seiner Zeit,
dass er in der Regel das letzterschienene Werk für das beste
hält. Er bemerkt nicht, dass in den allermeisten Fällen, wo
zwei über denselben Maler berichten, der spätere vom früheren
einfach abschreibt. Dies ist um so auffälliger, da seine eigene
Geschichtschreibung ausschliesslich und allein dieselbe Methode

befolgt [1]). So entgeht es ihm, dass S a n d r a r t abhängig ist von de B i e, und le C o m t e und de P i l e s wiederum von S a n d a r t, und dass das gleiche Verhältnis vorliegt, wo S c h r e v e l i u s dasselbe berichtet wie A m p z i n g, oder v a n L e e u w e n wie O r l e r s. Die Folgen dieser Methode sind natürlich die, dass die Fehler der Abschreiber, als neuentdeckte Tatsachen angesehen werden. So ist aus v a n L e e u w e n Joris van Schooten statt Jacob van Swanenburch als Lehrer Rembrandts, so aus d e P i l e s Christoffel Schovarts [Schouarts] statt Christ. Schwartz, so endlich aus l e C o m t e Joan Dac statt Hans von Aachen in Houbrakens Werk und dadurch in die kunstgeschichtliche Literatur gekommen, aus der erst die Forschung der Neuzeit sie wieder vertrieben hat.

---

[1]) Einmal tadelt er sogar de Bie, dass er beim N a c h s c h r e i b e n van Manders nicht genügend Acht gegeben habe (Bd. I S. 43).

6. B. DIE UNGEDRUCKTEN QUELLEN.

Neben den gedruckten Quellen nehmen die ungedruckten einen nicht unansehnlichen Platz ein. Sie bestehen einerseits aus Briefen, Notizen, fragmentarischen Mitteilungen aus den Gildebüchern einiger Städte, usw., andererseits aus persönlichen Mitteilungen. Selbstverständlich sind sie für uns nur in den Fällen erkenntlich, in denen sie ausdrücklich als solche genannt werden. Wo dies nicht der Fall, entbehren wir eines jeden Anhalts über die Herkunft der Houbrakenschen Nachrichten.

Die Angaben aus den Gildebüchern werde ich, da diese, soweit sie noch vorhanden sind, jetzt in Obreens Archief gedruckt vorliegen, im zweiten Teile einzeln besprechen. Ich begnüge mich daher hier mit der Mitteilung, dass sie sich auf die Gilden zu Alkmaar, Amsterdam, Delft, Dordrecht und Haarlem beziehen.

Das umfangreichste der von Houbraken benützten Schriftstücke ist das B. II S. 264 erwähnte Tagebuch des Malers W. Schellinks. Dasselbe bezog sich auf eine in den Jahren 1661—1665 gemachte Reise durch England, Frankreich, Italien, die Schweiz und Deutschland, und befand sich, drei Bände stark, damals im Besitze des bekannten Kunstliebhabers Arnoud van Halen, bei dem Houbraken Gelegenheit hatte es einzusehn. Heutzutage ist es verschollen. Es ist daher nicht möglich, die Referate Houbrakens zu prüfen. Ausser den Mitteilungen über Schellinks' Reisegefährten, über das Bildnis, welches W. Vaillant zu Paris von Jac. Thierry malte und über eine Enthauptung Johannis des Täufers von Ger. Honthorsts Hand, welche Schellinks in einer Kirche zu Rom sah, bieten die Auszüge Houbrakens nichts,

das für die niederländische Kunstgeschichte von Interesse wäre.
Ueber den Verfasser dieses Reisebuchs hat A. D. de Vries
erschöpfend in Oud Holland I S. 150 ff. berichtet. Hier erörtert
er auch die Frage nach dem Alter des Künstlers, welche
Houbraken aus einem Gesundheitszeugnis v. J. 1665 be-
antworten zu können glaubt. Nach demselben wäre der Künstler
damals 31 Jahre alt gewesen, also 1633/4 geboren. Es ist
jedoch wahrscheinlich, dass entweder Houbraken, falsch gelesen
hat, oder dass jenes amtliche Zeugnis ein unrichtiges Alter
angab. Dies ergiebt sich daraus, dass der Künstler im Jahre
1667, bei seiner Verlobung bezeugte 40 Jahre alt zu sein, und
weil Zeichnungen vom Jahre 1642 von ihm vorkommen.
Diese beiden Tatsachen stehen in unauflöslichem Gegensatz zu
jenem Zeugnis, welches daher — wenigstens in der Houbrakenschen Wiedergabe — für uns wenig oder gar keinen Wert hat.

Zwei ähnliche, wenn auch allem Anschein nach weit weniger
ausführliche Schriftstücke als Schellinks Tagebuch verdankte
Houbraken den Malern Abraham Genoels und Jan van
Bunnik. Von Genoels erwähnt er B. II S. 328 eine Reise-
beschreibung, an andern Orten (B. III S. 101 und 204) Briefe.
Die Ausführlichkeit der daraus geschöpften Mitteilungen steht
leider nicht in Verhältnis zu des Künstlers Bedeutung und
ebenso sind die Maler, mit denen Genoels Umgang pflog, der
Mehrzahl nach längst vergessen. Am interessantesten sind die
Mitteilungen über die Namen unter seinem Taufschein beim
Eintritt in die Römische Malerbent [1]); über Theod. Helmbreker
(B. II S. 328 und III 103), mit dem Genoels sehr befreundet war,
und über die verschwägerten Meister Jan Asselijn und Nic. de
Helt-Stocade (B. III S. 64). Letztere erhielt Genoels seinerseits von
seinem Vetter Laurens Frank, der im Jahre 1645 mit A. Quellinus,
Asselijn und de Helt in Lyon zusammenwohnte. Ihr Inhalt
besagt, dass de Helt um das genannte Jahr die älteste, Asselijn
dagegen die jüngste Tochter eines Kaufmanns Houwaart oder

---

[1]) Im zweiten Teil werde ich bei der Besprechung von Houbrakens
Entlehnungen aus den Gedichten van Rijssens auch auf Genoels
Mitteilungen ausführlicher zurückkommen.

Houward heiratete, und dass beide ihre Frauen mit nach Holland brachten. Die Richtigkeit dieser Angaben wird in Bezug auf de Helt bestätigt durch van den Branden (Gesch. d. Antw. Schilderschool S. 872), laut dessen archivalischen Entdeckungen er am 1 Juli 1647 zu Antwerpen als Gatte der Joanna Huart nachweisbar ist. Ihr Kind Jeremias wurde am 21 September 1646 in der dortigen Cathedrale getauft, und er selbst wurde in jenem Jahre Mitglied der Antwerpener Gilde. Die Eltern seiner Frau hiessen David Huart und Catharina Gestel.

Ueber Jan Asselijn hat der achte Jahrgang Oud Hollands (S. 231) Aufschluss gegeben. Dort veröffentlicht Bredius sein Testament vom 28 September 1652, worin seine Frau Antoinette Huart und seine älteste, siebenjährige Tochter Katharine erwähnt werden. [1]). Offenbar war letztere nach ihrer Grossmutter Katharina Gestel benannt worden, welche als Schwiegermutter de Helts bezeugt ist. Ihr siebenjähriges Alter im Jahre 1652 stimmt zu Houbrakens Mitteilung, dass die Eltern um 1645 geheiratet hatten. Ebenso ist es einleuchtend, dass die Namensform Huart der Documente mit derjenigen Houbrakens: Houwaart identisch, und dass sein Zusatz Koorman Druckfehler für „Koopman" (Kaufmann) ist.

Von den übrigen Angaben über Genoels lässt sich diejenige seines Geburtsjahres 1640 durch eine m.W. bisjetzt nicht publizirte Notiz auf einer Handzeichnung in der Sammlung Friedrich August II zu Dresden controliren bzw. bestätigen. Dieselbe, eine staffirte Landschaft darstellend, besagt durch ihre Unterschrift dass „Abraham Genoels, Roomsche Archimedes", sie „oud 78 jaer 1719, maert 22" zu Antwerpen gefertigt habe.

Der Mitteilung, dass Houbraken von Jan van Bunnik ein Verzeichnis aller Orte empfing, an welchen er Proben seiner Kunst hinterlassen hatte, schliesst sich unmittelbar die auf diesem

---

[1]) Wie in Lyon, kommt jetzt hier in Amsterdam der Name Quellinus in Verbindung mit Asselijn vor. Vgl. die verschiedenen a. a. O. mitgeteilten Acten, welche Artus und Hubertus Quellinus als Zeugen mitunterschreiben.

Verzeichnis beruhende Beschreibung von van Bunniks italie-
nischer Reise an (B. III S. 339). Auch der Bericht vom
Zusammentreffen des Künstlers mit Gerard Hoet und andern
Malern in dem niederrheinischen Städtchen Rees (III 239)
wird auf dasselbe zurückgehn. Dies muss in, oder kurz nach
dem Jahre 1672 stattgefunden haben, was volkommen stimmt zu
den Angaben auf S. 340 f., laut welchen van Bunnik nach kür-
zerem oder längerem Aufenthalt in Frankfurt, Speier, Genua
und Livorno in Rom mit Abr. Genoels zusammentraf. Von
diesem wissen wir durch Houbraken, dass er am 3 Jan. 1675
in die Römische Bent eintrat (B. III S. 101), von jenem,
dass er nach achtjährigem Dienste am herzoglichen Hofe zu
Modena, im Jahre 1684 wieder in die Heimat zurückkehrte
(S. 341).

Nicht ohne Interesse und Wert sind für uns einige sogenannte
begrafenisbriefjes, welche Houbraken benützt hat. Es waren
dies gedruckte Einladungen zur Beiwohnung von Beerdigungen,
welche uns durch van der Willigen in beträchtlicher Zahl
bekannt gemacht sind. Wie die von diesem Forscher veröffent-
lichten, haben auch die von Houbraken erwähnten Bezug auf
Haarlemer Künstler [1]) und zwar auf Frans Hals, Philip
Wouwerman und Jacob van Ruysdael. Das erste von
ihnen wird B. I S. 94 f. folgendermaassen erwähnt:

„Ich war mit der Abfassung meines Buches schon fast bis
„zum Schlusse gediehen, als unter den Papieren eines alten
„Haarlemer Malers ein Begräbniszettel von ihm [Frans Hals]
„gefunden wurde, auf dessen Rückseite notirt war: „Frans ist
„„gestorben zu Haarlem, im Alter von 85 oder 86 Jahren, im
„„Jahre 1666 und ist am 29 August im Chor der Grossen Kirche
„„begraben, nachdem sein Bruder Dirk ihm 1656 vorangegangen
„„war. Sie waren gebürtig von Mecheln.""

Wer der anonyme alte Haarlemer Maler war, unter dessen
Papieren dieser Fund gemacht wurde, geht aus S. 325 hervor,

---

[1]) Auch in andern Städten waren sie üblich. Rembrandt z. B. hat die
Rückseite zweier Amsterdamer Zettel zum Entwurf von Skizzen benützt,
welche sich jetzt im kgl. Kupferstichcabinet zu München befinden.

wo die Notizen erwähnt werden, welche „der ältere Vincent van der Vinne auf der Rückseite der Begräbniszettel von Frans und Herman [lies: Dirk] Hals gemacht hatte." Dieser Maler, selbst Schüler des Frans Hals, starb am 26 August 1702, aber erst um 1716/7 muss jener Fund unter seinen nachgelassenen Papieren gemacht sein. Die darin enthaltenen Angaben werden durch van der Willigen (S. 148 f.) im Ganzen bestätigt: das Beerdigungsdatum des Frans Hals war nur drei Tage später, und als Geburtsort ist Antwerpen statt Mecheln nachgewiesen. Auf Grund der Altersangabe bei van der Vinne hat Houbraken dem Meister wohl mit Recht einen Platz eingeräumt zwischen den Künstlern der Jahre 1580 (A. Stalbemt und E. Blok) und 1581 (Deod. del Mont und P. Lastman).

Bei dem zweiten Beerdigungszettel, dem des Philip Wouwerman, wird die Herkunft aus dem Nachlasse des Vincent van der Vinne ebenfalls ausdrücklich bestätigt. Die betreffende Stelle Houbrakens lautet (B. II S. 70): „Ich würde die Geburtszeit des Philip „Wouwerman nicht erfahren haben, wenn mir sein Beerdigungs-„zettel mit dem Stempel 1668 nicht in die Hände gekommen „wäre, worauf der alte Vincent van der Vinne seiner Zeit „geschrieben hatte, dass er in seinem 48sten Jahre gestorben sei." Hier ist dieser, falls Houbraken seine Worte richtig wiedergiebt, um ein Geringes im Irrtum, da Wouwerman, der einige Tage vor dem 13 Mai 1619 geboren wurde, als man ihn am 23 Mai 1668 in der Neuen Kirche beerdigte, grade sein neunund-vierzigstes Lebensjahr vollendet hatte (v. d. Willigen S. 337 und 339).

Die dritte der hier in Betracht kommenden Stellen lautet (B. III S. 65): „Jacob Ruisdael ist gestorben zu Haarlem im „Jahre 1681 und begraben am 16 November, wie mir aus einem „der Beerdigungszettel hervorgegangen ist." Die Tatsache ist an sich volkommen richtig; sie darf aber nicht auf den grossen Landschafter dieses Namens bezogen werden, da dieser nach-weislich erst am 14 März des nächsten Jahres beerdigt wurde, sondern — wie bereits v. d. Willigen S. 260 richtig bemerkt hat — auf den weit weniger begabten Jacob Salomonsz

Ruysdael, dessen Werke erst in letzter Zeit von denen seines berühmten Vetters getrennt worden sind.

Eine englische Urkunde dieser Art bezieht sich auf den Tod des Malers Willem van de Velde des Aelteren. Houbraken sah sie bei seiner Enkelin, der Tochter Adriaen van de Veldes. Neben Symbolen des Todes, der Beerdigung, Auferstehung und Himmelfahrt enthielt sie Namen, Titel und Wohnort des Verstorbenen, und ausserdem Ort und Datum der Beerdigung. Letzteres war nach Houbrakens Angabe der 16 December 1693 (I 355) [1]).

Nächst diesen Documenten kommen hier die Beischriften zweier Bildnisse in Betracht. Die eine machte Houbraken mit dem am 20 December 1640 erfolgten Tode Dirk van Hoogstratens bekannt (I 161) und befand sich auf einer von dessen Sohne Samuel herrührenden Zeichnung. Houbraken fand sie in der Sammlung David van Hoogstratens. Das angegebene Datum ist durch die neuere Urkundenforschung durchaus bestätigt (Vgl. Veth in O. H. IV S. 275). Die zweite Beischrift entdeckte Houbraken auf einem Probedruck des von P. Moreelse gemalten, von Geertruij Rogman gestochenen Bildnisses des Roeland Savery, im Besitze des kunstliebenden Herrn E. Feytama (I 57). Sie war angeblich eigenhändig von Hendr. Lamb. Rogman im Jahre 1640 niedergeschrieben und besagte, dass der Künstler Hofmaler der Kaiser Rudolph und Mathias gewesen sei. Dieses Bildnis mit der gestochenen Unterschrift ist noch heute wohl bekannt. Letztere enthält ausserdem Ort und Zeit der Geburt und des Todes (1576 zu Kortrijck—1639 zu Utrecht) und ist 1647 und nicht 1640 datirt. Auch die Verse lauten ein wenig anders als bei Houbraken, der allerdings nur ihren Sinn wiederzugeben beansprucht. Wichtig ist, dass aus der Zeile: „Natuer bevreest, dat hij in als haer moght ver-

---

[1]) Vgl. hierzu Walpole, Ausg. von 1876. B. II S. 139, der die Grabinschrift aus der Kirche St. James mitteilt:

Mr. William Vandevelde, senior, late painter of sea-fights to their majesties King Charles II and King James, dyed 1693.

winnen, benam hem 't leven door verstroïnge der sinnen"
hervorgeht, dass der Künstler im Wahnsinn starb. Houbraken
hat auf die Wiedergabe dieser Tatsache verzichtet und auch
sonst ist sie in der kunstgeschichtlichen Literatur meines Wis-
sens nicht verwertet worden.
Auf die gedruckten Unterschriften einiger anderen Bildnisse,
welche Houbraken erwähnt, werde ich bei der Besprechung der
von ihm angeführten Kunstwerke zurückkommen.
Eine weitere handschriftliche Notiz bezieht sich auf die Lehrer
des Malers Michiel van Musscher (B. III S. 211). Dieser
hatte sie eigenhändig niedergeschrieben, wie folgt:
„1660 zwei Monate gezeichnet bei Martin Zaagmolen.
„1661 bei Abraham van den Tempel.
„1665 sieben Kunststunden gehabt von Gabriel Metsu und i. J.
„1667 drei Monate bei Adriaen van Ostade".
Belege für diese Angaben sind mir nicht bekannt, aber ebensowenig etwas, was ihnen wiederspräche: v. Musscher wurde
nach Houbraken am 17 Januar 1645, nach seiner eigenen Angabe
bei seiner Verlobung [1]) etwas eher (1643/4) zu Rotterdam geboren; er scheint früh nach Amsterdam gekommen zu sein, denn
dort waren seine drei ersten Lehrer ansässig, Saagmolen
seit 1654 (Oud Holland VI 123 ff.), van den Tempel seit
dem 1 Mai 1660 (Obreens Archief V 199) und Gabr. Metsu
bereits seit 1650 (Bredius, Catalog des Rijksmuseums, 3e Aufl.),
alle bis zu ihrem 1669, bzw. 1672 und 1667 erfolgten Tode.
In der Tat fand Bredius den Michiel Jansz. van Musscher bereits
i. J. 1661 in Amsterdam erwähnt (Prot. Not. Bleyenberg). Dann
muss er sich nach Haarlem gewandt haben, wo Adr. van
Ostade sein ganzes Leben tätig war und grade um die Zeit auf
der Höhe seines Ruhmes stand. Spuren seiner Anwesenheit in
Haarlem sind weiter nicht nachweisbar; vielmehr hat er, wie
Houbraken berichtet, die meiste Zeit seines Lebens in Amsterdam
zugebracht, wo er in Jonas Witsen einen Mäcen fand, der ihn
aufs tatkräftigste unterstützte. Da Houbraken zu Witsen im-

---

[1]) Vgl. Oud Holland III S. 233.

selben Verhältnis stand, mag dies zur näheren Bekanntschaft
der beiden Maler Anlass gegeben haben.

Weitaus den wichtigsten Teil der ungedruckten Quellen Houbrakens bilden die von ihm erwähnten p e r s ö n l i c h e n M i t t e i l u n-
g e n seiner Zeitgenossen. Ob dieselben ihm mündlich oder schrift-
lich zugegangen sind, und ob sie von ihm ausdrücklich eingezogen,
oder ihm nur zufällig mitgeteilt wurden, kann uns gleichgültig
sein; wir haben hier vielmehr nur zu betonen, dass jede Nachricht,
die nicht auf Houbrakens eigener Erfahrung beruhen kann, an
Bedeutung gewinnt, sobald der Verfasser uns die Quelle nennt,
aus der er geschöpft hat und wir in Folge dessen im Stande sind
den Wert dieser Quelle zu untersuchen. Das jetzt folgende,
alfabetisch geordnete Verzeichnis von Houbrakens Gewährs-
männern wird uns an mehreren Stellen Anlass geben, ihre
Glaubwürdigkeit durch anderweitig bekannte Tatsachen zu prüfen.

van B e u n i n g e n Jan. Er versichert Houbraken aus unanfecht-
baren Quellen zu wissen, dass Luca Giordano jedes der
neun in seinem Besitze befindlichen grossen Bilder in zwei
Tagen gemalt habe (II 29). Vgl. über dieselben das Gemälde-
verzeichnis weiter unten und den Auctionscatalog bei Hoet
I S. 199 ff., wo die Bilder unter Nr. 17—25 vorkommen.

Ausserdem sah Houbraken bei ihm ein besonders schönes
Selbstbildnis von Rembrandt (I 269), (welches nicht im
Auctionscatalog vorkommt), und eine dem Raphaël zuge-
schriebene Majolikaschüssel (II 271).

B e u r s W. Dieser war in den Jahren 1671 und 1672 Houbrakens Mitschüler bei W. Drillenburg (III 354). Diese Tatsache, sowie das Geburtsjahr 1656 gehen vermutlich auf
persönliche Erinnrung zurück. Was von den spätern
Schicksalen des Meisters aus dessen Werke. „De Groote
Werelt in 't klein geschildert" entlehnt ist, werde ich im
zweiten Teile untersuchen.

le B l o n Chr. Houbraken nennt ihn dreimal als Gewährsmann
über Philipp Roos, den er zu Rom gekannt hatte (B. II
279, 284 und 287), und es ist daher sehr wahrscheinlich,
dass die ganze Lebensskizze auf ihn als Urheber zurückgeht.

Boitard F., Schüler la Fage's. Houbraken sah ihn in England eine Probe seiner Schnellmalerei ablegen. Er nennt ihn wenig richtig Bauttard (B. I S. 170).

Bronkhorst Johan [1]). Diesem Maler-Bäcker zu Hoorn verdankt Houbraken manche Nachricht über die dortigen Künstler. B. II S. 190 erzählt er ihm über Hendrik Grauw, der in seinem Auftrag Zeichnungen gemacht hatte; S. 329 desselben Bandes giebt er sein Urteil ab über die Werke des früh verstorbenen Hoornschen Marinemalers Gaspar van den Bos und auf S. 31 des dritten Bandes wird ein vom 18 Mai 1718 datirter Brief von ihm citirt, welcher Mitteilungen über Jan Linsen enthielt. Aus der auf S. 242 f. enthaltenen Biographie Bronkhorsts geht nicht ausdrücklich hervor, ob sie, wie es wahrscheinlich ist, auf dessen eigenen Mitteilungen beruht, während wir B. II S. 11 bei der Erwähnung eines ehemals in Bronkhorsts Besitz befindlichen Bildes von Jacques Wabbe oder Waben [2]) wohl eine diesbezügliche Mitteilung von diesem, oder Autopsie Houbrakens im Bronkhorstschen Hause vorauszusetzen haben. Im Ganzen sind dies fünf Hoornsche Künstler, von welchen wir mit mehr oder weniger Sicherheit voraussetzen können, dass Bronkhorst die Quelle der über sie mitgeteilten Tatsachen gewesen ist. Wenn wir uns sodann an dieser Stelle erinnern, wie sehr Houbraken es liebt, die aus einer Quelle geschöpften Nachrichten einfach hintereinander in seinem Werke abzudrucken (Beispiele oben S. 39), und ferner beobachten, dass an jeder der eben angeführten Stellen, an welchen Bronkhorsts Name vorkommt, von mehreren Malern aus seinem Wohnort Hoorn die Rede ist, dann ist einiger Grund vorhanden zur Vermutung, dass Houbraken seine Nachrichten über diese ebenfalls seinem dor-

---

[1]) Nicht zu verwechseln mit dem 40 Jahre älteren Utrechter Meister Jan Gerritsz van Bronkhorst.

[2]) Beide Schreibweisen sind urkundlich beglaubigt. Houbraken bedient sich der ersteren.

tigen Freunde verdankt. So schliesst sich den Mitteilungen über Waben die Erwähnung der beiden Rotius oder Roodtseus an (II 11); so geht der Biographie Grauws diejenige des Mathias Withoos [1]) und seiner Söhne (II 186); der Lebensskizze des van den Bos diejenige des Pieter Gallis voran (II 328).

Von Allem was über diese Künstler, sowie über die beiden R i e t s c h o o f (III 323) mitgeteilt wird, können wir leider nur wenig vermittelst anderer Quellen nachprüfen. — Dass Waben ein guter Bildnismaler war, bestätigen die Gemälde seiner Hand, welche im Westfriesischen Museum in Hoorn aufbewahrt werden. Die datirten unter ihnen stammen aus den zwanziger und der ersten Hälfte der dreissiger Jahre des XVII Jahrhunderts. Sie stehen etwa auf gleicher Stufe wie die zeitgenössischen Bildnisse eines Zacharias Paulusz zu Alkmaar oder Joris van Schooten zu Leiden. Ungefähr um dieselbe Zeit, zwischen den Jahren 1610 und 1621 kommt der Künstler in den Archiven zu Hoorn vor [2]). Weniger gelungen als die Bildnisse sind eine im ebengenannten Museum aufbewahrte Allegorie, eine Illustration des Spruches: „Glückselig das Land, wo das Recht blind ist und keine Hände hat", und ein unlängst (Dec. 1891) zu Köln versteigertes Bild ähnlicher Art. (Sammlung Merlo, Cat. Nr. 122). Für die Tatsache, dass die obenerwähnten Künstler wirklich in Hoorn ansässig gewesen sind, dürfte ferner der Umstand maassgebend sein, dass von der Mehrzahl von ihnen zahlreiche Werke in der am 17 April 1715 daselbst abgehaltenen Auction v a n S u c h t e l e n vorkommen (Hoet I S. 178 ff.). In derselben sind J. v. Bronkhorst und Casp. van den Bos mit je 6, H. Rietschoof und Jac. Rotius mit je 4, P. Gallis und Jan Linsen mit je 2 Werken und A. Withoos mit einem Werke vertreten. — Auch in der Auction

---

[1]) Auch über ihn vergl. weiter unten.
[2]) Mitteilung von Dr. A. Bredius.

Coninck vom 24 März 1733 zu Hoorn kommen nicht weniger als 18 Werke von den Hoornschen Künstler. G. van den Bos, H. Rietschoof, Rotius, Jan Slob, Math. und Al. Withoos vor (Hoet I S. 386 ff.). van Bunnik Jan. Ueber Houbrakens Beziehungen zu ihm sieh bereits oben, S. 53. Carré Hendrik und Michiel. Diese Meister waren Brüder, und Söhne des friesischen Hofmalers François Carré. Houbraken hat beide persönlich gekannt und citirt beide. Es scheint aber nicht über jeden Zweifel erhaben, daß er in jedem Fall den richtigen Vornamen nennt, da aus einer Stelle ein sonst nicht weiter bekannter Aufenthalt Hendriks in England hervorgehen würde, während derselbe für Michiel gesichert erscheint [1]).

Ohne Schwierigkeit lässt sich eine Mitteilung über das Werk einer Künstlerin namens Rozee auf Michiel Carré beziehen (B. II S. 263) da dieselbe weiter nichts enthält als die Tatsache, dass er mehrere ihrer Werke gesehen habe.

Auch an einer zweiten Mitteilung Michiels (B. III S. 76) lässt sich nicht rütteln. Es geht aus ihr hervor, dass Johannes Visscher im Herbste des Jahres 1692 zu Amsterdam sein Schüler war; der hierdurch bedingte Amsterdamer Aufenthalt wird bestätigt durch die urkundliche Nachricht, dass unser Meister dort i. J. 1686 heiratete und als in Amsterdam ansässig bezeichnet wird (Haverkorn van Rijsewijk in Obreens Archief VI S. 342).

Ebenso sicher wie diese beiden Nachrichten über Michiel scheinen mir die folgenden über Hendrik: B. II S. 49 versichert er Houbraken, dass sein Lehrer Jurriaen Jacobsz von Geburt Hamburger war, längere Zeit am Hofe zu Leeuwarden malte und erst im Jahre 1685 starb. Zieht man in Betracht, dass Hendriks Vater ebenfalls friesischer Hofmaler war und dass sein Geburtsjahr 1658, wenn nicht überhaupt richtig, doch jedenfalls nicht weit von der Wahr-

[1]) Vgl. van Gool, N. S. I. S. 125.

heit entfernt sein kann [1]), dann gewinnen seine Mitteilungen
über Jurriaen Jacobsz gegenüber denjenigen, die ihn bereits
im Jahre 1664 sterben lassen, sehr an Gewicht. Besonders
auch, weil die Abstammung des Jurriaen Jacobsz aus Hamburg
durch mehrere, unveröffentlichte Documente von Dr. A. Bredius im höchsten Grade wahrscheinlich gemacht wird. Diese
Documente erstrecken sich über die Jahre 1658, 1659, 1660
(dreimal), 1662 und 1664 (24 und 25 Juni; 15 August).
Im dritten Band (S. 382) macht Houbraken einen Ansatz
zur Biographie Hendrik Carrés, wiederholt aber nur das
Geburtsjahr, teilt sodann mit, dass er Schüler von Jacob
Jordaens und Jurriaen Jacobsz war, und . . . . . . verfällt
wieder in die Lebensdaten des Letzteren.

Drei weitere Mitteilungen beziehen sich auf einen Aufenthalt des Gewährsmannes in England. Ich spreche hier
erst von ihrem Inhalt und erörtere dann die Frage, ob
Michiel oder Hendrik ihr Urheber sein mag.

B. II S. 18 erzählt Houbraken auf die Autorität Hendriks hin, dass Jan Wijk das Pferd und den Hintergrund
des berühmten, lebensgrossen Reiterbildnisses des Herzogs
von Schomberg von der Hand Gotfried Knellers gemalt habe.
Hendrik Carré habe Jan Wijk in den Jahren 1692 und
1693 zu London gekannt.

Auf S. 75 und S. 191 desselben Bandes wird sodann
die Bekanntschaft Michiel Carrés mit dem in London
ansässigen Schwiegersohn des Frans Hals, Pieter Roestraten
erwähnt. An ersterer Stelle berichtet dieser über Intriguen
des Kunsthändlers und Malers Jan [soll heissen Jacob]
de Wet in Verbindung mit Ph. Wouwerman gegen Pieter
de Laer, und den Diebstahl von dessen hinterlassenen
Studien und Skizzen. Letztere sollte Wouwerman für seine
Gemälde ausgebeutet, aber vor seinem Tode verbrannt
haben „damit die Welt nicht erführe mit wessen Kälbern
„er gepflügt habe." Die Grundlosigkeit des letzten Teils

---

[1]) Man vergleiche Haverkorn van Rijsewijk a. a. O.

dieser Anschuldigung ist bereits von B o d e erörtet worden
(Graphische Künste, B. XI S. 108), ob am ersten Teil
etwas wahres ist, lässt sich nicht weiter untersuchen.
Wichtiger ist aber die zweite Stelle. Dort erfährt Michiel
Carré, der im Jahre 1695 in England wohnte, zu wieder-
holten Malen aus Roestratens Munde, in wie unsauberer
Weise der Knabe A d r i a e n B r o u w e r, einmal gleiches mit
gleichem vergolten habe, als er während seiner Lehrzeit
bei Frans Hals von dessen Töchterchen, der spätern
Gattin Roestratens beschmutzt worden war. Aus van der
Willigen (les Artistes de Harlem S. 140) wissen wir, dass
Adriaentje Hals, welche nach Oud Holland III S. 310,
am 6 Juni 1654 mit Pieter Roestraten die Ehe einging,
am 21 Juli 1623 getauft wurde. Da Adriaen Brouwers
Haarlemer Aufenthalt seit dem Anfang des Jahres 1625
bezeugt ist, trägt diese Anecdote durchaus den Stempel
der Wahrscheinlichkeit und darf sie vielleicht dazu verwendet
werden, den Anfang von Brouwers Lehrzeit bei Frans
Hals bereits in das Jahr 1624 oder gar 1623 zu rücken [1]).
    Angesichts der van Goolschen Mitteilung, dass Michiel
Carré eine Zeit lang in England ansässig gewesen sei,
lässt sich wohl kaum bezweifeln, dass Houbraken von
i h m diese Nachrichten über Roestraten bekommen hat.
Wollen wir nicht blos der einen Mitteilung über Jan Wijk
zu Liebe, ebenfalls einen (sonst nicht überlieferten) englischen
Aufenthalt H e n d r i k Carrés annehmen, so liegt nichts
näher, als an dieser Stelle eine in der alten Literatur
häufig genug vorkommende Verwechslung der Vornamen
vorauszusetzen. Michiel Carré müsste dann bald nach dem
18 Sept. 1692, an welchem Tage er noch zu Amsterdam
war (sieh oben), nach England übergesiedelt sein, weil seine
Bekanntschaft mit Jan Wijk in die Jahre 1692 und 93 fiele,
falls wir eben an obiger Stelle (B. II S. 18) den Vornamen
Hendrik durch Michiel ersetzen wollen.

---

[1]) Vgl. Bode im Jahrb. der kgl. Pr. Kunstsamml. 1890 S. 218 [1]).

Covijn Isr. Houbrakens Bekanntschaft mit ihm scheint sich
darauf beschränkt zu haben, dass er ihn mehrere Jahre lang
als Aeltesten der Gilde am Lucastage mit Weinlaub bekränzt
am obern Ende der Festtafel sitzen sah (B. III S. 216).
Diepraem. Abr. Diesen Künstler will Houbraken im Jahre
1674 gekannt haben, also etwa 40 Jahre bevor er den
Plan zu seinem Werke fasste, und, was mehr sagt, in
kaum 14 jährigem Alter. Wir dürfen seinen Mitteilungen
daher schwerlich dasselbe Zutrauen schenken, was wir den
späteren persönlichen Reminiscenzen zuzuschreiben berechtigt sind. Unwahrscheinlich klingt z. B. aus chronologischen Gründen die Behauptung, Diepraem sei erst Schüler
Sorghs gewesen, habe dann eihe Reise durch Frankreich
angetreten und erst darauf eine Lehrzeit bei Adriaen
Brouwer durchgemacht. Da wir für das Geburtsjahr Sorghs
nur die nicht weiter verbürgte Angabe Houbrakens, er
sei 1645 34 Jahre alt gewesen, besitzen, eine zweite Mitteilung über ihn, er sei 1682 gestorben, aber nachweislich
falsch ist, dürfen wir diesen Daten nicht soviel Gewicht
beilegen als dem Umstand, dass datirte Bilder Sorghs erst
aus den vierziger Jahren bekannt sind [1]). Demnach ist
es unwahrscheinlich, dass Diepraem bereits um 1635 sein
Schüler gewesen sei, was der Fall sein müsste, wenn er
nach Ablauf einer Reise durch Frankreich noch vor 1638 zu
dem in diesem Jahre gestorbenen Adr. Brouwer gekommen
sein sollte. Ich vermute daher, dass Houbraken sein Schülerverhältnis zu Brouwer blos aus der Stilverwandtschaft der
beiderseitigen Werke geschlossen hat, wie er ja den
Worten „Diepraem kam zu Brouwer" unmittelbar den Satz
folgen lässt: „dessen Malweise und Compositionsart er
„imitirt hat, sodass die Erzeugnisse seines Pinsels viel
„Aehnlichkeit haben mit denen des Adriaen Brouwer." Dass
Diepraem 1648 in die Dordrechter Lucasgilde gekommen

---

[1]) Zwei Bildnisse eines Ehepaars bei Dr. Ed. Brockhaus zu Leipzig;
das weibliche trägt die Jahreszahl 1641. Ferner Werke von 1642 zu
Kopenhagen, 1644 zu Hannover, 1646 zu St. Petersburg und München usw.

sei, mag Houbraken den Gildebüchern entnommen haben.

v. D r i l l e n b u r g Willem. Die Mitteilungen über diesen Künstler beruhen alle auf persönlicher Erinnerung Houbrakens, der die Anfangsgründe der Kunst bei ihm lernte (II 147 ff; I 131, III 214 und III 355). Aus der letzten Stelle geht hervor, dass Willem Beurs sein Mitschüler bei Drillenburg war (sieh oben S. 58). B. III S. 214 begegnen wir Drillenburg in der Gesellschaft von drei andern Dordrechter Künstlern: Ary Huibertsz V e r v e e r, Joh. O f f e r m a n s und Arnoldus V e r b u i s. Vielleicht verdankt Houbraken ihm daher die Nachrichten über diese Meister ¹).

de G e l d e r Aert. B. III S. 269 erzählt Houbraken von einem Besuch beim Maler Augustinus Terwesten, den er in Begleitung Aert de Gelders und des Bildschnitzers Hendrik Noteman ausführte. Dies lässt auf eine nahe Bekanntschaft, um nicht zu sagen ein freundschaftliches Verhältnis schliessen. Die Mitteilungen über de Gelder verdienen daher in hohem Maasse Beachtung (B. III S. 206—8). Zu bedauern ist, dass das Jahr, in welchem de Gelder in Rembrandts Atelier eintrat, durch einen Druckfehler mit 1645 angegeben wird. Das ist de Gelders Geburtsjahr und kann daher unmöglich richtig sein. Vosmaer substituirt 1665 (Rembrandt S. 373). Dies ist vermutlich zu spät, da die Künstler des 17ten Jahrhunderts mit 20 Jahren bereits selbständig zu sein pflegten. Die Zeit um 1660—62 dürfte der Wahrheit mehr entsprechen, Sicheres ist aber auch hier nicht zu sagen. Der Schlusssatz Houbrakens: „ Er ist jetzt, in diesem Jahre 1715, „während ich dies schreibe, noch in guter Gesundheit und

---

¹) Bilder Drillenburgs kommen zwar in alten Auctionscatalogen sporadisch vor, sind aber heutzutage m. W. nicht mehr nachweisbar. Nach Houbraken soll er Landschaften in der Art des Jan Both gemalt haben. Mir ist eine $\frac{W. D.}{Dort}$ bezeichnete Landschaft, eine Ansicht Dordrechts von der Landseite darstellend, in Emdener Privatbesitz bekannt, welche dem Monogramme und der Entstehungszeit (± 1660—70) nach von ihm herrühren könnte. Allerdings erinnert sie in der Auffassung und Farbengebung am meisten an die spätesten Werke Sal. v. Ruysdaels.

„unverheiratet," lässt durch die Bestimmtheit, womit er
ausgesprochen wird, darauf schliessen, dass Houbraken, der
damals mindestens schon fünf Jahre aus Dordrecht wegge-
zogen war, für seine Zwecke genaue briefliche Erkundigun-
gen über seinen alten Freund eingezogen hat. Zu demselben
Schluss berechtigt Houbrakens genaue Kenntnis vom Sta-
dium der Vollendung einer Passionsfolge, womit de Gelder
damals beschäftigt war. Die betreffende Stelle (B. III S. 208)
sagt aus: „Das letzte seiner Werke ist die Passion, oder
„die Geschichte des leidenden Christus in Stücken, von
„denen bereits 20 vollendet sind"...... Eine Anzahl
Bilder mit Passionsszenen, welche de Gelders späteren
Stil aufweisen, befindet sich in der Galerie zu Aschaffen-
burg, grösstenteils unter seinem Namen, zwei jedoch als
Werke Leon. Bramers, der bereits 40 Jahre vor ihrer
Entstehung gestorben war (begr. am 10 Febr. 1674 zu
Delft). Vertreten sind die folgenden Darstellungen:

Das Abendmahl	(Cat. Nr. 217),	
Christus am Oelberg	id.	243,
Die Gefangennahme	id.	238,
Die Geisselung	id.	229,
Die Kreuztragung	id.	215,
Die Kreuzigung	id.	77,
Die Kreuzabnahme	id.	87,
Die Grablegung	id.	225,
Christus als Gärtner	id.	206 und
Die Himmelfahrt	id.	245.

Die übrigen Bilder scheinen verschollen. Es dürften sich
darunter Darstellungen befunden haben von einer bis drei
Confrontationen Christi, von der Dornenkrönung, der
Schaustellung, der Aufrichtung des Kreuzes, der Auferstehung, der Marien am Grabe, des Ganges nach bzw.
der Erkennung des Herrn in Emmaus und des unglaubigen
Thomas. Auch der Einzug in Jerusalem, die Fusswaschung
und die Ausgiessung des heiligen Geistes kommen in Betracht.
Da die Aschaffenburger Bilder auf Leinwand gemalt,

ca. 71 c.M. hoch und 58 c.M. breit sind, muss dasselbe bei etwa noch zu identificirenden Bildern dieser Folge vorausgesetzt werden und kommt das schöne Dresdener Bild der Schaustellung Christi (Cat. Nr. 1791), abgesehen von der zu frühen Datirung: 1671, schon des Formats wegen nicht in Betracht. Dasselbe misst 152 c.M. in der Höhe und 192 c.M. in der Breite.

Genoels Abr. Ueber Houbrakens Bekanntschaft mit ihm sieh bereits oben S. 52 ff.

Glauber, Joh. genannt Polydor. Aus B. III S. 60 geht Houbrakens persönliche Bekanntschaft mit ihm hervor. An dieser Stelle wird seine Erzählung über den 1678 zu Venedig erfolgten Tod des Kar. du Jardin wiedergegeben. Glaubers Bekanntschaft mit diesem Künstler wird ebenfalls B. III S. 218 gedacht. Ein andrer Reisegefährte Glaubers war Alb. Meyering, der B. III S. 210 und 219 in Verbindung mit ihm erwähnt wird. Drittens dürften Houbrakens Berichte über die beiden Geschwister Glaubers: Joh. Gottlieb und Diana auf Angaben Johann Polydor's zurückgehn, da sie wegen ihrer Ausführlichkeit auf eine gutunterrichtete Quelle schliessen lassen, während eine persönliche Bekanntschaft Houbrakens mit ihnen selbst nicht nachweisbar ist.

v. Gool Joh. Mit diesem Künstler, der dreissig Jahre nach Houbrakens Tode sein Werk fortsetzte, stand Houbraken in einem sehr freundschaftlichen Verhältnis, was besonders durch van Gools Biographie seines Freundes im ersten Band der Nieuwe Schouburg (I 131 ff.) bezeugt wird. Houbraken mag ihm daher mehr Nachrichten verdanken als die eine, bei der er ihn durch Nennung des Namens als Quelle erwähnt. Es ist dies B. III S. 327 über Simon van der Does, seinen Lehrer. Mit Bezugnahme auf van Gools um 1685 erfolgte Geburt, darf man seine Lehrzeit um 1700 ansetzen [1]). Van der Does hat nach seinen Angaben

---

[1]) 1703 wird er zuerst als Schüler der Haager Academie erwähnt und 1711 bezahlt er der Confrerie seinen Beitrag als Meister (Obreens Archief IV 174, V 141).

damals alltäglich sehr fleissig gemalt, obwohl er unter häuslichen Sorgen litt.

G r a a t Bar. Bei diesem Künstler lässt sich trotz der Ausführlichkeit nur eine Quelle nachweisen, welche Houbraken allem Anschein nach n i c h t hat benützen können: B. II S. 208 beklagt sich Houbraken über den Schwiegersohn des Künstlers, der ihm das Bildnis seines Schwiegervaters behufs Aufnahme in die Schouburgh verweigert habe. Mit grosser Wahrscheinlichkeit lässt sich daraus schliessen, dass er ihm auch keine Auskunft über Graats Leben erteilt haben wird.

G r a s d o r p Wil. Persönliche Bekanntschaft mit Houbraken geht aus B. III S. 376 hervor, wo dieser seine Berichte über seine Lehrzeit bei Ernst Stuven wiedergiebt. Hierauf beschränkt sich alles, was Houbraken über ihn mitteilt.

v. H a l e n Arn. genannt Aquila. Ueber die Kunstwerke, welche sich im Besitze dieses Mäcens und Schabkünstlers befanden, vergleiche man das Verzeichnis der von Houbraken erwähnten Kunstwerke sub de Bray, Lairesse und Pierson. Sein reges Interesse für Künstler geht u. A. daraus hervor, dass er eine Totenklage zu Ehren Lairesse's dichtete (III 129), sowie, dass er Besitzer des Tagebuchs von Willem Schellinks war, dessen drei Bände Houbraken bei ihm einsah und zur Biographie des Künstlers benützte (Sieh oben S. 51 f.). Bei den vielen Beziehungen, die van Halen zu den zeitgenössischen Malern seines Landes hatte, ist anzunehmen, dass er Houbraken auch sonst Mitteilungen für sein Werk verschafft hat. Welche freilich, können wir heutzutage nicht mehr entscheiden.

H e l l e m a n s Cornelis, Kunsthändler zu Amsterdam máchte Houbraken Mitteilungen über den plötzlichen Tod des Stilleben · malers Willem Kalf (B. II S. 218). Sie beruhten auf persönliche Erinnerung und verdienen schon deshalb Glauben, weil der in ihnen enthaltene Todestag, der 31 Juli 1693, vollkommen stimmt zu dem aus den Kirchenbüchern ermittelten Beerdigungsdatum: 3 August 1693 (de Roever bei Bredius, Catalogus van het Rijksmuseum³ S. 88).

Hoet Gerard. Persönliche Bekanntschaft mit dieser dem Houbraken in hohem Grade verwandten Künstlernatur geht
aus B. III S. 199, hervor, wo Hoets Urteil über seinen
Stadtgenossen Johannes Vorstermans citirt wird. Auf S. 240
desselben Bandes wird eines Briefwechsels zwischen diesen
beiden Künstlern Erwähnung getan, was die Vermutung
nahe legt, dass auch die übrigen Angaben Houbrakens
über Vorstermans auf Hoet zurückgehn. Dasselbe darf
man annehmen in Bezug auf Hoets Lehrer Warnar van
Rijsen, der als solcher sowohl in der Biographie des
Schülers (B. III S. 239 ff.), als auch bereits B. I S. 129
unter den Nachahmern Poelenburgs aufgezählt wird. Endlich
wird auch die Bekanntschaft Hoets mit Johan van Bunnik
an zwei Stellen erwähnt: das eine Mal, wo ihre gemein-
schaftliche Tätigkeit zu Rees, das andere Mal, wo van
Bunniks darauf erfolgte Rückkehr nach Utrecht erzählt
wird (B. III S. 239 und 339). Umsomehr dürfen wir den
hierauf bezüglichen Angaben Vertrauen schenken, weil
wir oben (S. 53) sahen, dass die Biographie van Bunniks
(S. 339 ff.) sie bestätigt und ebenfalls auf persönliche
Mitteilungen an Houbraken beruht.

de Hooge Romein. B. II S. 310 erzählt Houbraken, dass er
für ihn die Zeichnung für den Stich nach einem im Jahre
1672 vom Pöbel zerstörten Gemälde Jan de Baens gemacht
habe, welches den Kriegszug nach Chattam (1667) und
den daran beteiligten Cornelis de Wit verherrlichte [1].
B. III S. 378 lesen wir, dass der Blumenmaler Ernst Stuven
sich nach seiner Entlassung aus der Gefangenschaft zu
ihm begab, während S. 257 desselben Bandes sein wenig
erbaulicher Lebenswandel gerügt, und eine Anzahl seiner
Werke auf dem Gebiete der Malerei erwähnt wird. Sämmtliche Angaben sind der Art, dass sie keinen Anlass zu
Zweifeln bieten. Aus der ersten darf man auf einen persön-

---

[1] Ueber eine Copie dieses Bildes in der kgl. Gemäldegalerie im
Haag sieh weiter unter den Abschnitt: Kunstwerke als Quellen, sub
Jan de Baen.

lichen oder schriftlichen Verkehr mit Houbraken schliessen.

v. H o o g s t r a t e n David. Er war ein Neffe von Houbrakens Lehrer Samuel van Hoogstraten. Houbraken sah bei ihm (B. I S. 162) das Bildnis des Malers Dirk van Hoogstraten, seines Grossvaters. Es war vom damals 13jährigen Samuel bei Dirks im Jahre 1640 erfolgten Tode gezeichnet. Das Todesdatum: 20 December 1640 war beigeschrieben und wurde, ebensowie wohl auch das Bildnis selbst, von Houbraken für seine Schouburgh verwertet.

v. H o o g s t r a t e n Sam. Es unterliegt kaum einem Zweifel, dass zahlreiche Nachrichten, auch dort, wo die Quelle nicht genannt wird, auf diesen Lehrer Houbrakens zurückgehen. Nicht nur war jener Hoogstratens bevorzugter Schüler, und hatte er ein nachgelassenes Werk von ihm behufs Veröffentlichung in Bewahrung (B. II S. 161, Anm.), sondern Hoogstraten war durch seine eigene kunstschriftstellerische Neigung mehr wie viele andere in der Lage seinem Schüler wissenswertes mitzuteilen. Daher darf jede Nachricht Houbrakens, welche sich auf Hoogstratens Lehrer, Mitschüler, Freunde, Stadtgenossen oder Schüler bezieht, auf besondere Beachtung Anspruch erheben. Hier gilt es freilich nur, die Stellen zu verzeichnen, wo Hoogstraten ausdrücklich als Gewährsmann genannt wird, oder wo sonstige Umstände auf ihn als solchen hinweisen. Zu diesen gehören in erster Linie die Biographien Samuels (B. II S. 155 ff.) und seines früh gestorbenen Bruders Jan (B. II S. 168 ff.) und ferner die Stelle B. II S. 170, wo ein Brief vom 9 Aug. 1651 aus Wien erwähnt wird, in welchem er die Ankunft Sandrarts daselbst als bevorstehend meldet. Der Zweck seiner Reise war nach Hoogstraten die Erwerbung der kaiserlichen Gunst und die Ueberflüglung des damaligen Kammermalers Leux oder Luix.

An drei Stellen des dritten Bandes nennt Houbraken Schüler Hoogstratens: B. III S. 175 Godfried Schalcken (geb. 1643); B. III S. 206 Aert de Gelder (geb. 1645) und B. III S. 310 Cornelis van der Meulen, dessen Geburtsjahr weder bestimmt angegeben wird, noch sonst bekannt ist, der aber vermutlich ebenfalls älter war, als der 1660 geborene Houbraken ¹). Ob diese Nachrichten auf Atelierüberlieferungen, oder auf Mitteilungen aus Hoogstratens Munde zurückgehen, ist nicht zu sagen, kommt aber für ihre Zuverlässigkeit auch nicht weiter in Betracht.

v. Huysum Justus, machte Houbraken Mitteilungen über Nicolaas Berchem (B. II S. 112), dessen Schüler er war. Aber nicht im Jahre 1665, wie an dieser Stelle angegeben wird, denn damals zählte Huysum erst sechs Jahre. [Seine Geburt, von Houbraken (B. III S. 387) ins Jahr 1659 gesetzt, wird bestätigt durch die Altersangabe (22 Jahre) bei seiner 1681 erfolgten Heirat; Oud Holland III S. 155]. Wahrscheinlich muss es, wie auch auf S. 387 des dritten Bandes gesagt wird, 1675 heissen. Damals soll Berchem so fleissig gewesen sein, dass er von Morgens früh bis 4 Uhr Nachmittags vor seiner Staffelei sass. Dies hilft die grosse Anzahl der von ihm hinterlassenen Werke erklären.

Lavecq Jac. Er gehörte zu Houbrakens Lehrern, starb aber als Houbraken ein 15jähriger Knabe war. Dieser sagt daher mit Recht bei der Angabe des Todesdatum: „wenn ich mein Gedächtnis zu Rate ziehe, starb er Anfangs des Jahres 1674". Herr Veth hat in Oud Holland (B. VII S. 308) nachgewiesen, dass Houbraken sich um anderthalb Jahre irrte, denn sein urkundlicher Begräbnistag ist der 2 Sept. 1675 ²). Von den übrigen Mitteilungen über ihn, mag die Jahresangabe seines Eintritts in die Dordrechter Gilde den Gildebüchern entlehnt sein, und die anderen auf persönliche Erinnerung zurückgehen. Allerdings beklagt sich Houbraken, dass er, trotzdem er auf freundschaftlichem Fusse mit ihm stand, wenig über ihn mitteilen könne. Seine Beobachtung, dass Lavecq's Bildnisse Ähnlichkeit hatten

¹) Er setzt ihn um das Jahr 1650 an.
²) Dieses Datum hätte Houbraken bereits in dem von ihm benützten Werke Balens: Beschrijving van Dordrecht, finden können (S. 1066).

mit denen de Baens, wird durch eine Notiz in Oud Holland
a. a. O. bestätigt.

v. d. Leeuw Pieter, gehörte wie der vorhergehende zu Houbrakens älteren Stadtgenossen. B. III S. 181 wird hervorgehoben, dass er im Jahre 1678 Houbrakens Aufnahme
in die Dordrechter Lucasgilde vollzogen habe. S. 310 wird
er nochmals, und zwar als Schüler Adriaen van de Veldes
erwähnt. Da er nach der ersten Stelle erst 1669 in die
Gilde kam, ausserdem nach den neuesten Forschungen erst
1647 geboren wurde ¹), van de Velde dagegen bereits 1672
starb, so ist die Bezeichnung „Schüler'' wohl nur aufzu-
fassen als „Nachahmer", in Uebereinstimmung damit,
dass S. 181 erzählt wird, er habe stets ein Bild von Adr.
v. d. Velde neben sich auf der Staffelei gehabt.

Dass Houbraken Pieter v. d. Leeuw's älteren Bruder
Govert oder Gabriel ebenfalls persönlich gekannt habe,
geht nicht mit Sicherheit aus seinen Mitteilungen hervor,
da jener aber seinen Bruder neun Jahre überlebte († 3 Juli
1688, wie Houbraken richtig angiebt) ist die Wahrscheinlichkeit gross. B. III S. 179 f. wird sein Lebensabriss
gegeben; S. 60 desselben Bandes ausserdem mitgeteilt,
dass van der Leeuw beim Tode du Jardins im Jahre 1678
zu Venedig anwesend gewesen sei. Schon diese Mitteilung
lässt gewissermaassen auf persönlichen oder brieflichen Ver-
kekr schliessen ²).

Luiken Jan. Auf ihn, der in seiner Jugend malte ³), später aber
ausschliesslich als Zeichner und Radirer tätig war, machte
Houbraken ein Lobgedicht nach seinem Tode (B. III S. 256);
persönliche Bekanntschaft ist daher vorauszusetzen. Cha-

---

¹) Oud Holland VIII S. 26.

²) Das neueste über den Künstler bringt Veth, Oud Holland VIII
S. 23.

³) Das einzige heutzutage nachweisbare Bild des Künstlers befindet
sich in der Galerie Six zu Amsterdam. Es stammt aus der Sammlung
des Corn. Ploos van Amstel und kommt in mehreren alten Auctionscatalogen vor.

rakteristich für die Houbrakensche Geschichtschreibung ist,
dass er B. III S. 63 noch mit einer gewissen Reserve sagt:
„wie man sagt, lernte Luiken in seiner Jugend bei Saag-
„molen die Zeichenkunst und die Malerei", auf S. 253
dagegen schon positiv behauptet: „Luiken hat die Malerei
„bei M. Saagmolen gelernt". An der ersten Stelle war
es offenbar die Aehnlichkeit des Stiles zwischen den beiden
Künstlern, welche Houbraken das „on dit" in die Feder
gab, genau in derselben Weise, wie Pieter van der Leeuw
B. III S. 181 nur Nachahmer des Adr. van de Velde
hiess, während 130 Seiten weiter dieser schlechthin zu
seinem Lehrer gestempelt wird.

Marseus Otto. Bei diesem Künstler liegt einer der auffälligsten
Beispiele vor, dass Houbraken sich trotz der denkbar zuver-
lässigsten Gewährsmänner, manchmal nicht unbeträchtlich
irrt. Es war die Wittwe des Künstlers, welche Houbraken
als Quelle für einige seiner Nachrichten citirt. Dennoch ist
das Todesjahr um nicht weniger als fünf Jahre zu früh
— 1673 ¹) statt 1678 — und die Dauer der Ehe um zwei
Jahre zu kurz — 12 statt 14 Jahre (1664—78) — angegeben. (Vgl. Oud Holland I S. 166 ff.)

Eine zweite Nachricht über Marseus verdankte Houbraken
der Tochter des Malers Mathias Withoos (B. II S. 187).
Auch sie stimmt nicht vollkommen zu dem, was von
anderer Seite bekannt ist. Demnach wäre nämlich Marseus
nach einem zweijährigen Aufenthalt in Italien bereits 1650
nach Holland zurückgekommen, während Sam. v. Hoogstraten ihn 1652 zu Rom gekannt haben will (Inleydinge
S. 169). Hoogstraten war im Herbst 1651 noch zu Wien;
seinerseits kann daher in Betreff der Jahreszahl kein
Irrtum vorliegen. Derselbe muss also entweder bei Houbraken bzw. dessen Gewährsmanne vorausgesetzt werden,
oder man müsste sich zur Annahme einer zweiten Römischen

---

¹) Dass diese Jahreszahl nicht, wie man in neuester Zeit wiederholt
angenommen hat, einfach Druckfehler für 1678 sein kann, glaube
ich oben (S. 41 f.) gezeigt zu haben.

Reise des Marseus bequemen. Hierüber fehlt aber jede Nachricht.

de M o o r Carel, wurde mit Houbraken bekannt, als er zu Dordrecht Schüler Godfried Schalckens war (III 343). Dies war der Fall, nachdem er bis 1672 den Unterricht des Abr. van den Tempel und darauf denjenigen des älteren Frans van Mieris genossen hatte. Es wird daher um die Mitte der 70er Jahre gewesen sein. — B. I S. 213 versichert er Houbraken, dass der Marinemaler Jan Porcelles aus Leiden gebürtig und zu Leiderdorp beerdigt sei. Beide Nachrichten sind falsch. Aus v. d. Willigen, les Artistes de Harlem S. 242 wissen wir, dass der Künstler aus Gent stammt, während Bredius als Ort seines Todes das (allerdings unweit Leiderdorp gelegene) Dorf Zoeterwoude ermittelt hat [1]).

Aus van Gool (Nieuwe Schouburg II S. 424) geht hervor, dass Houbraken auf sein Gesuch um persönliche Mitteilungen über de Moors Leben und Wirken, sowie um sein Bildnis, von ihm eine unfreundliche Antwort empfing und dass dies der Grund war, weshalb Houbrakens Mitteilungen so kurzgefasst sind. Van Gool giebt in Anschluss an diese Bemerkung eine Uebersicht über de Moors Tätigkeit als Künstler.

M o u c h e r o n Isaac, scheint Houbraken über mehrere Künstler, die er in Italien gekannt hatte, Mitteilungen gemacht zu haben. B. II S. 230 wird er ausdrucklich als Urheber einiger Notizen über die Kunstübung des sächsischen Generals Wackerbaart genannt, den er 1695 zu Rom traf. B. III S. 183 wird erzählt, dass er 1697 gleichzeitig mit dem

---

[1]) Vielleicht beziehen sich jedoch de Moors Versicherungen auf einen der jüngeren Porcelles (Vgl. W. Schmidt im Rep. f. Kunstw. I 68 u. 412). — Zwei weitere Mitteilungen de Moors tragen einen vollständig anecdotenhaften Character: die eine (B. II S. 110) über den Ursprung des Namens Berghem, die andere (B. III S. 25) über ein von ihm gemaltes Bildnis von Jan Steens zweiter Frau im Sonntagsanzug, welches durch ihren Mann in humoristischer Weise vollendet wurde.

jüngeren Pieter Mulier ¹) dort war. B. II S. 298 gedenkt
Houbraken seiner als eines geschickten Nachahmers von
Nic. Poussin und S. 328 desselben Bandes werden weitere
Nachrichten über ihn in Aussicht gestellt. Houbraken wollte
ihn wohl unter den Malern seines Geburtsjahres 1670 behandeln; da aber sein Werk blos bis zum Jahre 1659
gedieh, blieb diese Absicht unausgeführt. Anzunehmen ist,
dass Houbraken die Daten über Isaacs Vater Frederik de
Moucheron ebenfalls dem Sohne verdankt, obwohl dies
nirgends ausdrücklich gesagt wird.

Mulder Jos. Dieser Künstler war Kupferstecher, nicht Maler,
und wird in Folge dessen von Houbraken nur beiläufig
erwähnt. Nahe persönliche Beziehungen mit ihm ergeben
sich aus dem Umstand, dass Mulder sowohl für die Ausschmü-
ckung der Groote Schouburgh mit Vignetten und dergl.,
als für die von Hoet, Houbraken und Picart gezeichnete
Folge von biblischen Darstellungen als Stecher tätig war.
B. III S. 247 berichtet er Houbraken über seinen Lehrer
Hendrik Bogaart, bei dem er 1672 zeichnen lernte. Die
Kürze und geringe Bedeutung der Nachrichten steht aber
in vollständig erklärlichem Zusammenhange mit der langen
Dauer des seitdem verflossenen Zeitabschnittes (1672—1718).

van Neck Johan, starb nach Houbrakens Angabe im Jahre
1714 (B. III S. 75). Houbraken erzählt, dass er ihn während seiner letzten Krankheit öfters besuchte. Er sei
sehr gesprächig gewesen, sodass Houbraken, wenn er sich
damals bereits mit dem Plan zu seinen Künstlerbiographien
getragen hätte, viel Nutzen aus diesen Gesprächen hätte
ziehen können. Da Houbraken van Necks Freundschaft
mit dem Maler Dirk Freres (1643—93) besonders hervor-
hebt, ist es recht gut möglich, dass seine Mitteilungen
über diesen (B. III S. 184 f.) auf van Necks Vermittlung
zurückgehen.

---

¹) So ist zu lesen statt Molijn; vgl. Woermann, Dresdener Catalog
unter Nr. 1516.

N o t e m a n Hendrik, Bildhauer zu Dordrecht. B. III S. 269 erzählt
Houbraken von einem in Gemeinschaft mit ihm und Arent
de Gelder gemachten Besuch bei Augustinus Terwesten,
der damals in Dordrecht Zimmerdecorationen ausführte.
B. III S. 208 wird sein von de Gelder gemaltes Bildnis
rühmend erwähnt [1]).
O f f e r m a n s Johannes, gehörte ebenfalls zu Houbrakens Stadtgenossen, mit denen er, laut Aussage auf S. 215 des
dritten Bandes persönlichen Umgang pflog. Ueber Offermans
Kunst berichtet er jedoch nur, dass er anfangs Landschafts-
maler war, sich aber später zum Kunsthandel und zur
Decorationsmalerei wandte.

v. P a r z ij n Cornelis, Kunsthändler zu Dordrecht erzählte Houbraken, dass Abr. Diepraem in seiner Spätzeit für ihn
gearbeitet habe. Oben (S. 64) haben wir gesehen, dass
Houbraken ihn in seiner Jugend auch selbst gekannt haben
will (B. III S. 245 f.)

v. R e e n e n Nicolaas, war ein Sohn aus zweiter Ehe von Paulus
Potters Wittwe. Er machte Houbraken brieflich mit einigen
Aeusserungen seiner Mutter bekannt, welche den Fleiss
ihres ersten Gatten rühmten (II 129). Auch die sonstigen
Nachrichten über Potter scheinen aus derselben Quelle
zu stammen. S. 125 wird eine Schrift erwähnt, aus der
Houbraken die Abstammung Potters aus dem berühmten
Geschlecht Egmond erfahren habe. Die Tatsache der Ab-
stammung an sich ist richtig, die Genealogie aber fehlerhaft.
W e s t h r e e n e (Paulus Potter, sa vie et ses oeuvres
S. 36 ff.) hat die Irrtümer aufgedeckt und verbessert.

v. R o y e n Willem, übermittelte Houbraken — vermutlich brieflich oder durch Zwischenpersonen, denn er war seit 1669
am Brandenburgischen Hofe tätig — Berichte über seinen
Lehrer Melchior d'Hondecoeter. Da dieser urkundlich 1636
geboren wurde, van Royen aber bereits 1661 als Schüler
des Arent van Ravesteyn in die Haager Lucasgilde eintrat [2]),

---

[1]) Vergl. über dasselbe den Abschnitt: Kunstwerke als Quellen.
[2]) Obreens Archief V 146, Ueber van Royens Tätigkeit am Ber-

und seine selbständige Tätigkeit als Maler seit 1662 durch
Daten auf Bildern (Schwerin) bezeugt ist, müsste letzterer
zu Hondecoeters frühesten Schülern (v o r 1661) gezählt
werden. Hierzu stimmt n i c h t, dass er über des Meisters
spätere Zeit berichten will, als dieser „tot zijn jaren ge-
komen was", ausserdem schon verheiratet war (B. III S. 74),
was erst seit 1663 der Fall war (Oud Holland III S. 152).
Es ist daher mindestens fraglich, ob van Royens Mitteilungen
über das unsolide Leben Hondecoeters Gewicht beizulegen ist.

v. R u i v e n Pieter [Reuven], ist Houbrakens Gewährsmann über
seinen Stadtgenossen Adriaen van Linschoten, den er
1677/78 gekannt hatte, als jener 87—88 Jahre alt war.
Insofern diese Jahreszahl die zeitliche Gränze der Bekanntschaft anzugeben beabsichtigt, ist sie ungefähr richtig,
da Linschoten urkundlich im Juli 1677 starb (Bredius in
Oud Holland II S. 135 ff.). Was Ruiven über Linschotens
Kunst erzählt, ist heutzutage nicht nachzuprüfen, weil sämmtliche Werke des Meisters verschollen sind, z. T. wohl auch
unter den Namen seiner italienischen Vorbilder Caravaggio
und Ribera gehen. — Die Nachrichten, welche B. III S. 290
über Ruiven selbst enthält, werden ebenfalls auf seine
Mitteilungen an Houbraken zurückgehen. Dabei dürfte der
Vorname Jaques seines Lehrers Jordaen möglicher Weise
Irrtum sein für J a n bzw. H a n s, einen Namen den mehrere
Mitglieder des in Delft ansässigen Zweigs der Familie
Jordaens trugen ¹).

S i x Nicolaas, fand unter seinen Familienpapieren eine Schrift,
worin die Geburt Adr. Brouwers zu Haarlem behauptet
wurde (I 318). Heutzutage ist festgestellt, dass Brouwer
zwar vermutlich schon sehr früh (um 1623; 15 bis 16 Jahre
alt) zu Frans Hals nach Haarlem kam, dass er aber von
Geburt ein Vlame, und zwar aus Oudenaerde, war. Es geht

---

liner Hof vgl. Nicolai, Nagler, Kramm und den Catalog der 1890er
Leihausstellung von Werken niederländischer Kunst zu Berlin. Die
Gleichkeit der Vornamen: *W. F.* verbürgt die Identität des Meisters.
¹) Vgl. Obreens Archief I 4, 45, 62; V 57, 125, 203 ff. 299, 301.

nicht aus Houbrakens Worten hervor, ob er dieser Schrift
noch weitere Nachrichten über Brouwer entnommen hat.
S o d i j n, Frau, Tochter des Malers Adriaen van de Velde
erzählte Houbraken nicht nur manches über ihren Vater
(B. III S. 90), sondern zeigte ihm auch den Begräbniszettel
ihres Grossvaters, des älteren Willem van de Velde (B. I
S. 355) ¹).
S o m e r Jan Pietersz. Dieser bekannte Kunsthändler berichtete
Houbraken über den Maler Mathias Withoos, den er bis
zu dessen Tode gekannt hatte (B. II S. 187). Auch mit
Willem Kalff war er bekannt, laut B. II S. 219 und im
ersten Bande (S. 357) wird er als Schüler eines Zeichners
und Glasmalers Pieter Janszen erwähnt. Ferner erzählt er
Houbraken B. II S. 112, dass er Nicolaas Berchem die
damals sehr hohe Summe von 60 Gulden für den Stich
nach Rafaels Kindermord mit der Fichte (Bartsch Nr. 18
des Oeuvre von Marcanton) habe bezahlen sehen. Bekannt
ist endlich seine Freundschaft mit Rembrandt, der ihm
einen ausgezeichneten Abdruck des Hundertguldenblattes
[das jetzige Amsterdamer Exemplar ²)] gegen die Pest von
Marcanton überliess; um es kurz zu sagen S o m e r s t a n d
im M i t t e l p u n k t e des A m s t e r d a m e r K u n s t l e b e n s
und es ist anzunehmen, dass Houbraken nicht nur in dem
einen, obenerwähnten Falle seine Mitteilungen benützt hat,
sondern sie auch an anderen Stellen verwertete, ohne freilich
den Namen des Urhebers zu nennen.
S o u k e n s Joh. Mit ihm machte Houbraken im Jahre 1694 eine
kurze Reisebekanntschaft (B. III S. 202 f.), ohne später
je wieder etwas von ihm zu hören. Die Veröffentlichung
der damals mit Soukens geführten Unterhaltung ist Houbraken von dessen Verwanten sehr übel genommen, wie
aus einer Aeusserung der Enkel bei v a n E y n d e n e n

¹) Vgl. oben S. 56. Ueber ihren Mann sieh Havard, l'Art et les
artistes hollandais B. I S. 116.
²) Die rückseitige Inschrift: „Vereering van mijn speciale vriend
Rembrandt tegens de pest van m. Anthony" u. A. bei Vosmaer S. 292.

van der Willigen, Geschiedenis der vaderlandsche schilderkunst B. I S. 324 hervorgeht. Houbrakens Mitteilung, dass Soukens Schüler von Joh. Vorstermans und somit Enkelschüler Herman Saftlevens war, erhält eine Bestätigung durch sein einziges mir in einer Sammlung bekanntes Bild. Es stellt eine Rheinlandschaft in der Art Saftlevens dar, aber bedeutend schwächer, ist bezeichnet ISoukens und hängt als Unbekannt in der Gräfl. Nostitzschen Galerie zu Prag. (Cat. Nr. 127.) Andere Bilder sah ich dann und wann im Kunsthandel.

Terwesten Aug. Der Besuch, den Houbraken ihm machte als er zu Dordrecht Decorationsmalereien ausführte (III 269) ist bereits unter de Gelder und Noteman besprochen. Andere Erwähnungen, aus denen persönlicher oder brieflicher Verkehr zwischen den beiden Künstlern hervorginge, sind nicht vorhanden. Dennoch wird Terwesten ausser in seiner eigentlichen Biographie (B. III S. 268 ff.) noch an drei anderen Stellen erwähnt: B. II S. 48 als Zeuge der letzten Stunde des Brandenburgischen Hofmalers Abr. Jansz. Begeyn; Ibid. S. 222 als Lehrer des Dordrechter Künstlers Jacobus Busschop und Ibid. S. 302 als Bevollmächtigter eines Ungenannten zum Ankauf der aus der Erbschaft Christina's von Schweden stammenden Sammlung Odescalchi.

Terwesten Matthäus, hilft Houbraken bei seiner Suche nach Verwanten des Pieter Lely—van der Faes, welche über dessen Leben Auskunft erteilen können. Auf die so erlangten Mitteilungen gehen Houbrakens Angaben zurück (II 41 ff.). Eigener Zusatz scheinen bei Lelys Geburtsort Soest die Worte „in Westphalen" zu sein, während vielmehr an das Dorf dieses Namens in der Provinz Utrecht zu denken ist. Besonders, weil die Mutter, Abigaël van Vliet aus einem vornehmen und ansehnlichen Utrechter Geschlechte stammte (S. 42). Laut mehreren von Dr. A. Bredius aufgefundenen Acten kommt eine Familie van der Faes um 1675—80 wiederholt im Haag vor. In einem dieser Documente, vom 4 Dec. 1679, wird auch „Pieter van der Faes,

geseijt L e l y, tegenwoordich in Engeland" erwähnt [1]). —
Houbraken hat offenbar das Unwahrscheinliche seiner Hypo-
these gefühlt, denn er motivirt sie erstens durch die Annahme, Lelys Vater (ein holländischer Offizir!) habe zur
Zeit der Geburt seines Sohnes zu Soest garnisonirt, was
durch keine geschichtliche Tatsache glaubhaft gemacht werden kann, und zweitens durch das Epitheton „Landsman",
welches der aus Zwolle stammende Prediger Vollenhove,
dem Lely in einem Lobgedicht erteilt. — Es ist jedoch klar,
dass ein Bürger von Zwolle einen zu Soest in Westphalen
Geborenen n i e u n d n i m m e r m e h r Landsmann nennen
kann, und ebenso einleuchtend ist es, wenn man das in
England verfasste Gedicht liest (S. 44 ff.), dass die Worte
„Ehre unseres Geburtslandes" sich auf die Abstammung
des damals in London ansässigen Lely aus den S i e b e n
V e r e i n i g t e n P r o v i n z e n beziehen.

V e l t h u i z e n, Maler zu Gouda und Neffe des Künstlers
H e i m a n D u l l a e r t, über den er Houbraken berichtet
(III 79). Da Dullaert mit mehreren Mitgliedern der Familie
Hoogstraten, auch mit Houbrakens Lehrer Samuel sehr
befreundet war, mögen andere Nachrichten über ihn
durch diesen Canal zu Houbraken gekommen sein.

V e r k o l j e, Johan und Nicolaas. Ersteren, den Vater († 1693)
hat Houbraken, wenn er ihn auch persönlich gekannt
hat, nicht mehr für seine schriftstellerischen Zwecke um
Auskunft angehen können. Umso öfter hat er es bei
dem Sohne getan. Dieser berichtet B. I S. 374 über zwei
Bilder Jan Steens im Besitz des Herrn d e M e e s t e r zu
Middelburg welche „so ausgezeichnet vollendet und kunst-
„reich ausgeführt seien, wie Gerard Dou es je getan habe" [2]).
B. II S. 216 erfahren wir durch ihn interessante Einzel-
heiten über die Beziehungen zwischen Maria van Oosterwijk,
ihrem Bewerber Willem van Aelst und ihrer kunstübenden

---

[1]) Prot. Not. J. Vinck im Haag.
[2]) Leider wird nicht angegeben, um welche Darstellungen es sich
handelt.

81

Magd Geertje Pieters, Beziehungen, welche durch archivalische (noch nicht veröffentlichte) Entdeckungen des Herrn
Dr. Bredius beglaubigt sind. Drittens erfahren wir B. III
S. 283, dass Nicolaas im Besitze einer vom Vater in
seiner Jugend verfertigten Copie nach dem Mantegnaschen
Bacchus war, welche Houbraken mit Bewunderung be-
trachtete. Aus dieser Stelle ist zu schliessen, dass die
Nachrichten über Johannes Vercolje von seinem Sohne
herrühren. Ausser der Biographie (B. III S. 282—286)
handelt es sich noch um zwei andere Stellen, wo der
Name J. Vercoljes genannt wird: B. I S. 236, wo sein
Umgang mit P.Jzn. van Asch erwähnt, derselbe aber wohl
blos aus dem von Vercolje gestochenen Bildnisse dieses
Malers geschlossen wird, und B. II S. 196,
(Verschuring, Wil.) wo Willem Verschuring als sein Schüler
genannt wird. Letztere Tatsache, welche B. III S. 286
nochmals erzählt wird, geht indess eher auf eigene Mitteilung
Verschurings zurück, der Houbraken (B. II S. 194) brieflich
über seinen Vater Hendrik Verschuring Auskunft gab in
Ergänzung und teilweise auch zur Berichtigung der von
R. de Piles gegebenen Biographie [1]).
Vincentius D., Schwiegersohn des Malers Jan de Baen giebt
in einem Brief vom 2 Februar 1717 eine Erklärung über
das Gemälde seines Schwiegervaters ab, welches den
Kriegszug nach Chattam verherrlichte (Sieh auch oben
unter Rom. de Hooghe) (II 307).
v. d. Vinne, Laurens und Vincent. Letzterer hat Houbraken
keine persönlichen Mitteilungen mehr verschaffen können,
da er bereits 1702, also 12—13 Jahre ehe Houbraken das
Material für seine Schouburgh zu sammeln anfing, starb.
Seine schriftlichen Aufzeichnungen, welche Houbraken bei
seinem Sohne Laurens zur Verfügung standen, habe ich
oben (S. 54 f.) besprochen.
Die Nachrichten Houbrakens über das Leben des Vincent

[1]) Abrégé de la vie des Peintres S. 437—441. Wie sich weiter unten
ergeben wird, war de Piles über Verschuring nicht schlecht unterrichtet.

6

van der Vinne gehen ebenfalls auf Mitteilungen seines Sohnes
Laurens, bzw. auf seinen eigenen schriftlichen Nachlass
zurück (B. II S. 210 ff.). Auch van der Willigen stand ein
Teil desselben zu Gebote, sodass er Houbraken zu controliren vermochte (a. a. O. S. 314 ff.). Wir können uns daher
mit Bezugnahme auf diese Stelle darauf beschränken, zu
constatiren, dass Houbrakens Angaben im Allgemeinen
richtig sind, dass er aber das Todesdatum irrtümlich mit
„24 van Hooymaand" (= Juli) anstatt „26 van Oogst-
maand" (= August) 1702) angiebt.

Bei Vincents Sohn Laurens van der Vinne sah Houbraken (B. II S. 76) eine Landschaft von Jan Wouwerman;
dies ist die Stelle, woraus seine persönlichen Beziehungen
mit den van der Vinne's hervorgehen. B. III S. 379 werden
einigen Daten über Laurens' Leben mitgeteilt, von denen
der Geburtstag von van der Willigen bestätigt wird (a. a.
O. S. 313).

Nicht unerwähnt darf hier bleiben, dass van Gool laut
einer Aeusserung auf S. 457 des zweiten Bandes seiner
Nieuwe Schouburg im Besitze eines Manuscriptes von
Houbraken war, welches die Maler Jan und Isaak van der
Vinne (geboren 1663 und 1665) behandelte. Offenbar waren
diese Biographieen für den vierten Band des Houbrakenschen
Werkes bestimmt, welcher die seit 1659 geborenen Maler
enthalten sollte. An mehreren Stellen [1]) der Groote Schouburgh wird auf diesen vierten Band hingewiesen, sein
Erscheinen unterblieb aber in Folge des frühzeitigen Todes
des Verfassers. In demselben Schriftstück soll Houbraken
den Eifer Isaaks van der Vinne, den er beim Nachforschen
nach Lebensdaten mehrerer Künstler gezeigt, rühmend
erwähnt haben.

Voorhout Johannes, wird an nicht weniger als sechs Stellen
als Quelle genannt. Die erste Nachricht, die auf ihn zurückgehen soll, ist notorisch falsch. Es ist die, dass er, zwei

---

[1]) Vgl. z. B. II 314 (Jacobus de Baan) und III S. 285 (Nic. Verkolje).

83

Jahre nachdem er 1672 aus Furcht vor den Franzosen die Niederlande verlassen, zu Hamburg den Marinemaler Jan Theunisz Blankerhoff getroffen habe; „was er mir selbst erzählt hat", fügt Houbraken hinzu (B. II S. 200). Da dieser Künstler urkundlich Anfangs October des Jahres 1669 zu Amsterdam beerdigt wurde [1]), ergiebt sich die Unhaltbarkeit letzterer Tatsache von selbst [2]). Houbraken hätte daher besser getan, der (anonymen) Mitteilung, dass Blanckerhoff im Jahre 1669 zu Amsterdam gestorben sei, Glauben zu schenken.

Aus der Lebensbeschreibung Voorhouts (B. III S. 224 ff.) geht hervor, dass er etwa drei Jahre, erst in Frederikstad in Holstein, und darauf in Hamburg wohnte (1672—75). In diesen Jahren will er dort die folgenden Künstler gekannt haben: zunächst in Frederikstad Jurriaen Ovens, der ihn veranlassen wollte, für ihn zu malen, ein Vorschlag, auf den Voorhout aber nicht einging; ferner Jacob Bellevois, Mathias Scheits und wohl auch Horatius Paulijn (B. III S. 186 f.). Von Letztgenanntem sagt er es zwar nicht ausdrücklich, es scheint aber aus dem Zusammenhang hervorzugehen. Seine Mitteilungen über ihn sind heutzutage nicht zu controliren. Ueber Bellevois beschränkt sich Voorhout auf die Angabe, dass er Marinemaler war, dagegen ist er etwas ausführlicher über Math. Scheits, wobei er sich gut informirt zeigt [3]).

Auch den Blumenmaler Ernst Stuven lernte Voor-

---

[1]) Sein Name ist unmittelbar unter demjenigen Rembrandts ins Totenbuch eingetragen, ein Umstand, der Anlass gab, dass man lange Zeit seine Wittwe Catharina van Wijk für die zweite Frau Rembrandts gehalten hat, bis der Herausgeber Oud Hollands, Mr. N. de Roever den wahren Sachverhalt aufdeckte (O. H. I 1 ff.).

[2]) Möglicher Weise liegt hier eine Verwechslung der beiden Marinemaler J. Blanckerhoff und J. Bellevois vor. In Bezug auf letzteren geht aus einer anderen, gleich zu erwähnenden Stelle hervor, dass Voorhout ihn ums Jahr 1674 zu Hamburg gekannt hat.

[3]) Man vergleiche was Bode über einige handschriftliche Notizen dieses Künstlers veröffentlicht hat: v. Zahns Jahrbücher, 1876 S. 63 ff. und Studien S. 41.

hout bereits in dessen Vaterstadt Hamburg kennen (B. III
S. 372). Als er sich im Jahre 1675 wieder nach Holland
begeben hatte, kam der 18jährige Stuven in Amsterdam
wieder zu ihm, jedoch nur, um kurze Zeit nachher Voorhouts Unterricht mit dem der Blumenmaler W. van Aelst
und Abr. Mignon zu vertauschen. Voorhout konnte über
den Character Stuvens noch ein günstiges Zeugnis ablegen.
Um so trauriger waren aber die Erfahrungen, über die
Stuvens späterer Schüler Willem Grasdorp dem Houbraken
Bericht erstattete (sieh oben).

Endlich kannte Voorhout zu Hamburg den Landschafts-
maler Willem Dalens, der ebenfalls aus Furcht vor
den Franzosen dorthin entwichen war (B. III S. 386) und
daselbst starb. Diese Voorhoutschen Mitteilungen werden
durch einen Fund von Dr. A. Bredius bestätigt, aus
welchem hervorgeht, dass in der Tat der Maler Willem
Dalens am 1 Nov. 1675 zu Hamburg starb.

In Amsterdam hatte Voorhout, zwischen den Jahren
1666 und 1672, den Maler Dirk Freres gekannt, mit
dem er in einer Art Academie („Oefenschool") Actstudien
trieb (B. III S. 185). Dieser erzählte ihm über seinen
italienischen Aufenthalt (im Jahre 1666 war er dort mit
Adriaen Backer zusammen) und über die von ihm gemachte
Probe, mit wie wenig Geld man dort in einem Jahre aus-
kommen könne. — Ob die übrigen Mitteilungen über Freres
auch von Voorhout herrühren, bleibt unentschieden, ich
erinnre aber daran, dass auch Johan van Neck mit Freres
befreundet und mit Houbraken persönlich bekannt war
(sieh oben S. 75).

Vreem Anthony, Stadt- und Altersgenosse Houbrakens, der
sich als Maler kaum hervorgetan haben wird, da er in
jugendlichem Alter starb. Houbraken widmete ihm einen
poetischen Nachruf (III 384 f.).

Weenix Jan, erzählt Houbraken (B. II S. 51) wie er vor 45
Jahren, also etwa um das Jahr 1675, den Maler und
Radirer Anth. Waterloo in seiner Wohnung zwischen

Maarsen und Breukelen besucht und einige seiner Bilder mit Staffage versehen habe; auch die übrigen, kurzen Mitteilungen über diesen Künstler mögen auf Weenix zurückgehn. Dasselbe darf man sagen von der Biographie des Vaters, Jan Baptist Weenix (B. II S. 77 ff.), in welcher auf S. 82 das Zeugnis des Sohnes namentlich angeführt wird. Dagegen ist die Bemerkung auf S. 111, dass J. B. Weenix einer der Lehrer Berchems gewesen sei, nicht unverdächtig, da unser Künstler nach Houbrakens, bis jetzt weder widerlegten, noch bestätigten Angabe erst 1621, also ein Jahr n a c h Berchem geboren wurde und datirte Bilder Berchems bereits seit 1642 vorkommen. Ich vermute, dass die, allerdings nicht zu verkennende Aehnlichkeit in der Auffassung und im Vorwurf, welche zwischen einer Gruppe Berchemscher Bilder — ich erwähne z. B. den Empfang des Mohren in der Dresdener Galerie und ein Bild desselben Gegenstandes in der Sammlung-Six zu Amsterdam — und den italienischen Hafenbildern des J. B. Weenix existirt, Houbraken zur Annahme eines Schulverhältnisses verleitet hat, während am Ende nur eine Beeinflussung oder ein Zurückgreifen auf gemeinsame Vorbilder vorliegt.

B. III S. 73 macht Jan Weenix unserm Houbraken Mitteilungen über seinen Vetter Melchior d'Hondecoeter; ibidem S. 353 wird er selbst aufgezählt unter den Künstlern die im Kur-pfälzischen Dienste standen, aber eine eigentliche, eine zusammenhängende Biographie von ihm findet man bei Houbraken nicht.

Westhovius F. G., Rector der lateinischen Schule zu Gorinchem übersandte Houbraken brieflich eine epigrammatische Unterschrift zum Bildnis des Hendrik Verschuring (II 196). Möglicherweise gehen daher auch noch andere Mitteilungen auf ihn zurück.

Wieland, J. ein alter Haarlemer Kunstfreund [1]) kannte die meisten Söhne und anderen Nachkommen des Frans Hals

---

[1]) Und Maler; vgl. van der Willigen S. 329.

und sagte über sie aus, dass sie fröhlichen Geistes („luchtig van geest") und Freunde des Gesanges und der Musik gewesen seien (I 95).

Wigmana Ger. Mit ihm trieb Houbraken kunstkritische Forschungen (B. I S. 163), insofern er bei ihm ein Bildnis sah, welches sie beide dem Michiel Miereveld zuschrieben, bis sie im Hintergrund das Monogramm *PM. 1620* entdeckten. Hieraus schloss Houbraken, dass Bild müsse von Pieter Miereveld herrühren, wogegen zu bemerken ist, dass auch Paulus Moreelse in der Art seines Lehrers M. Miereveld malte und das Monogramm *PM.* anwandte, während sein Mitschüler Pieter Montfoort wenigstens dasselbe getan haben kann.

Im Jahre 1699 war Wigmana zu Rom und traf dort den oesterreichischen Maler Daniel Sijder (B. III S. 233).

Withoos Alida, zweite Tochter des Malers Math. Withoos. Sie war bei der Herausgabe der Groote Schouburgh noch am Leben, war selbst Malerin und berichtete Houbraken über ihren Vater (B. II S. 187).

Witsen Jonas, veranlasste Houbraken von Dordrecht nach Amsterdam überzusiedeln [1]). Persönliche Bekanntschaft ist daher erwiesen. Houbraken sah bei ihm colorirte Zeichnungen von Adr. v. Ostade (I 347) und ein Bild, welches Willem Schellinks zugeschrieben wurde (II 273), aber so gut wie sicher mit einem J. Lingelbach des Haager Museums identisch ist [2]). B. III S. 211 wird Witsen als Protector Mich. v. Musschers erwähnt. Es ist daher nicht unmöglich, dass Houbraken ihm Nachrichten über diesen Künstler verdankt.

Wulfraat, Math. erzählte Houbraken über Aquarelle von der Hand der Königin Maria von England, deren er mehrere gesehen habe (II 229). Seine Biographie im dritten Bande S. 248 ff. enthält alles, was bis jetzt über den Künstler bekannt geworden ist.

---

[1]) Van Gool I 133.
[2]) Catal. 1891 Nr. 210.

ANONYME MITTEILUNGEN.

Houbraken erwähnt derer über die folgenden Künstler:
die Brüder Berkheyde: es giebt Leute, die aus ihrem eigenen
  Munde ihre Erlebnisse zu Heidelberg vernommen haben
  (III 192).
Ducart, Is.: über den Schmutz in seiner Wohnung (B. III
  S. 84).
v. Dyk, Ant.: mehrere glaubwürdige Leute erzählen Houbraken
  in England über van Dycks Tod (I 187).
la Fage, Raimond: Bericht von zuverlässiger Seite über eine
  Production von ihm in der Schnellmalerei (I 169).
Freres, Dirk: es wird mit Lob gesprochen über einen von
  ihm ausgemalten Saal im Hause des Herrn Roeters zu
  Amsterdam (III 184) und im allgemeinen wird bezeugt,
  dass er ein besserer Zeichner als Colorist war (III 185).
Kneller, Godfr.: briefliche Nachrichten aus London sagten
  im Gegensatze zu den Berichten französischer Schriftsteller
  aus, dass Kneller bereits bei Lebzeiten des Pieter Lely
  nach England gekommen sei, wo er Empfehlungen gehabt
  habe an Jonathan Banks, einen in London lebenden Hamburger Kaufmann (III 235).
Lely, Pieter: Mehrere von denen, welche in England mit ihm
  verkehrten, gaben Houbraken Auskunft über seine Lebens-
  weise, Tageseinteilung usw. (II 43).
Mulier, Pieter der Jüngere [1]) war nach dem Zeugnisse derer,
  die ihn gekannt hatten, ein grosser Freund der Kunst und
  der Liebe (III 184).
Oudendijck, Adr.: über ihn wurde Houbraken erzählt, dass
  er in der Landschaftsmalerei von seinem Vater Evert
  Oudendijck gelernt hatte, dass er die Tiere aus den Bildern
  des Adriaen van de Velde, die menschliche Staffage dagegen

---

[1]) Houbraken nennt den Künstler an dieser Stelle irrtümlich Molijn.
B. II S. 350 dagegen richtig Molier. Vgl. über diese Frage den
Dresdener Galeriecatalog unter Nr. 1516.

aus denen des Thom. Wijk copirt habe, weshalb man ihn Rapianus genannt habe (III 53).

Pierson, Chr.: Houbraken erhält sein Bildnis für die Groote Schouburgh, aber leider zu spät um es aufzunehmen (II 262).

Rembrandt: einige seiner Schüler haben Houbraken versichert, dass Rembrandt manchmal einen Vorwurf auf zehn verschiedene Weisen skizzirte, ehe er ihn auf die Tafel brachte; auch habe er sich einen bis zwei Tage damit beschäftigen können, einen Turban nach seinem Geschmack aufzusetzen (I 261).

v. Slingelant, Pieter: über ihn wurde Houbraken als Wahrheit erzählt, dass er vier bis sechs Wochen an einer Spitzenkrause malte (III 162).

Smits, Lodew. genannt Hartkamp. Wie Houbraken berichtet wurde, war Smits Vater ein Offizir, der um die Zeit der Geburt seines Sohnes zu Swartewaal, oberhalb Zutfens in Overijsel wohnte (III 67) [1]).

de Vois, Ary: Man erzählte Houbraken über ihn, er habe in dreizehn Jahren nur ein Bild, Dido und Eneas auf der Jagd darstellend, gemalt (III 163).

Wouwerman, Phil.: Es wurde Houbraken als Wahrheit berichtet, dass dieser Künstler seiner Tochter, welche den Maler Hendrik de Fromentiou heiratete, eine Mitgift von 20.000 Gulden gab (II 71).

v. Zijl, Ger. Pzn.: soll nach dem Zeugnis derjenigen, die ihn gekannt haben, zwischen den Jahren 1655—58 in der Hartenstraat zu Amsterdam gewohnt haben und etwa 40 Jahre alt gewesen sein (II 225).

---

[1]) Entweder der Name des Geburtsortes oder die nähere Andeutung der Lage ist falsch: Zwartewaal ist ein Dorf in der Provinz Süd-Holland; in Overijsel giebt es ein Ort Zwartsluis am Zwartewater.

LEBENSLAUF.

Ich, Cornelis Hofstede de Groot wurde am 9 November 1863 zu Dwingelo in der Provinz Drente als Sohn des derzeitigen Pastors Dr. Theol. Cornelis Philippus und dessen Ehefrau Catharina Dorothea, geb. Star Numan geboren. Den ersten Schulunterricht genoss ich auf der Elementarschule zu Kampen, wo ich ebenfalls im September 1876 in das Gymnasium aufgenommen wurde. Als mein Vater im Mai 1878 zum Professor der Theologie an der Universität Groningen berufen wurde, besuchte ich das dortige Gymnasium, auf welchem ich bis zum Frühjahr 1880 verblieb. Um diese Zeit wurde ich aus Gesundheits-rücksichten genötigt eine längere Reise anzutreten, die mich durch Deutschland, die Schweiz und Süd-Frankreich führte. In letzterem Lande besuchte ich während des Winters 1880—81 als Extraneus die Ecole St. Elme zu Arcachon. Nach weiterem, mehrmaligem Wechsel meines Aufenthalts gelangte ich Michaeli 1881 nach Coburg, wo ich in der Secunda des Gymnasii Casimiriani Aufnahme fand. Diese Anstalt verliess ich Ostern 1884 mit dem Zeugnis der Reife und in der Absicht, mich dem Studium der Kunstgeschichte zu widmen. Zu dem Zwecke bezog ich die Universität Leipzig, bestand im Sommer 1884 auch das holländische Abiturientenexamen und kehrte im Herbste dieses Jahres nach der heimatlichen Hochschule Groningen zurück. Hier studirte ich vier Jahre und darauf in Leiden ein Jahr vorwiegend classische Altertumswissenschaft, worauf ich im Mai 1889 an letzterem Orte das

Candidatsexamen der classischen Philologie bestand. Von da an wandte ich mich ausschliesslich der früher nur nebenbei getriebenen vaterländischen Kunstgeschichte zu, besuchte zum zweiten Male während des W. S. 1889—90 und des S. S. 1890 die Universität Leipzig und versuchte inzwischen durch wiederholte Studienreisen durch die Kunstsammlungen Hollands und Deutschlands meine Kenntnisse auf diesem Gebiet zu erweitern. Am 1 August 1890 wurde ich zum wissenschaftlichen Hilfsarbeiter am königlichen Kupferstichcabinet zu Dresden ernannt, welche Stelle ich im October desselben Jahres antrat. Ende Juni 1891 wurde ich von der kgl. niederländischen Regirung zum zweiten Director der kgl. Gemäldegalerie [Mauritshuis] im Haag ernannt.

Während der Zeit meiner Universitätsstudien hörte ich Vorlesungen der Herrn Professoren Brugmann, Overbeck, Springer (†), Windisch, Richter, Schreiber, Fricke, Maurenbrecher, G. Curtius (†) und des Dr. Brockhaus in Leipzig, der Professoren Hecker, Halbertsma, Baehrens (†), van der Wijck, Symons, van Helten, van Hamel in Groningen und Land, van Leeuwen und Cornelissen (†) in Leiden. In Leipzig nahm ich Teil an den Uebungen der Herrn Professoren Springer und Schreiber, am pädagogischen Seminar des Herrn Professor Richter und als a. o. Mitglied am archäologischen Seminar des Herrn Professor Overbeck.

Allen meinen noch lebenden Lehrern spreche ich hier meinen aufrichtigen Dank aus. Ihnen und den leider schon verstorbenen, besonders aber dem verstorbenen Herrn Geheimrat Prof. Dr. Anton Heinrich Springer werde ich Zeit meines Lebens stets eine verehrungsvolle Erinnrung bewahren.

Neben meinen Universitätslehrern fühle ich mich den Herrn Geh. Rat Dr. W. Bode in Berlin und Director Dr. A. Bredius im Haag zu wärmstem Danke verpflichtet. Beide haben nicht nur durch ihre Schriften, sondern auch durch persönlichen und schriftlichen Verkehr auf meine Studien der niederländischen Malerei einen bestimmenden Einfluss ausgeübt und dieselben wesentlich gefördert, während letzterer mir ausserdem stets in der uneigennützigsten Weise seine reichen unveröffentlichten archivalischen Funde zur Verfügung gestellt hat. Die beträchtliche Zahl der Sammlungsvorstände und der Herrn Besitzer von Privatsammlungen in Holland und Deutschland, welche mir durch ihr liebenswürdiges Entgegenkommen das Studium ihrer Kunstschätze erleichterten bzw. ermöglichten, hier namentlich anzuführen, verbietet der Raum. Dieselben mögen sich daher in ihrer Gesammtheit meines aufrichtigen Dankes sicher wissen. Derselbe gebührt auch in ausgedehntem Maasse dem Herrn Oberregirungsrat Dr. Woldemar von Seidlitz, vortragendem Rat in der Generaldirection der kgl. Sächs. Kunstsammlungen, sowie der Direction des kgl. Sächsischen Kupferstichcabinets: den Herrn Prof. Dr. Karl Woermann, Dr. Max Lehrs und Dr. Jean Louis Sponsel. Alle diese von mir hoch verehrten Herrn haben während meines Dresdener Aufenthaltes meine Studien und Bestrebungen auf's höchste gefördert.

Ich habe ausser einer Bibliographie der Werke meines Grossvaters, des Prof. Dr. Petrus Hofstede de Groot (Als Anhang zu einer von Prof. Dr. J. Offerhaus verfassten Biographie in den: Levensberichten van de Maatschappij der Nederlandsche Letterkunde te Leiden 1886—87) und einen Beitrag: zur Handschriftenkunde des Cato Maior (Im fünfundzwanzigsten Band des H e r m e s) eine Anzahl kunstgeschichtlicher Studien und Recensionen in den Zeitschriften Oud Holland, Archief voor Nederlandsche Kunstgeschiedenis, Nederlandsche Spectator, Zeitschrift für bildende Kunst nebst Kunstchronik, Repertorium für Kunstwissenschaft, Kunstwart und Chronik für vervielfältigende Kunst veröffentlicht, welche sich auf die Künstler W. de Geest, Janssens, Dou- Rembrandt, T. Heeremans—-F. H. Mans, W. Hondius, C. de Mooy die Wouwermans u. A. beziehen.

www.ingramcontent.com/pod-product-compliance
Lightning Source LLC
Chambersburg PA
CBHW032243080426
42735CB00008B/975